KB050110

세계의 비밀을 푸는
물리학 이야기

세계의 비밀을 푸는
물리학 이야기

지은이 · 안동완 | 일러스트 · 이영규 | 펴낸이 · 김직승 | 펴낸곳 · 책세상 | 초판 1쇄 펴낸날 2007년 7월 20일 |
초판 3쇄 펴낸날 2012년 9월 10일 | 주소 · 서울시 마포구 신수동 68-7 대영빌딩 | 전화 · 02-3273-1334(편집부)
02-704-1251(영업부) | 팩스 · 02-719-1258 | 이메일 · bkworld11@gmail.com | 홈페이지 · www.bkworld.co.kr |
등록 1975. 5. 21 제 1-517호 | ISBN 978-89-7013-653-0 03000

세계의 비밀을 푸는

물리학 이야기

안동완 지음 | 이영규 그림

책세상

세계의 비밀을 푸는
물리학 이야기 | 차례

물리는 단순하다

　물리학이란 물질의 물리적 성질과 그것이 나타내는 모든 현상을 다루는 학문이다. 이 정의는 모호하게 느껴지는데, 물리학에서 다루는 물질과 현상이 워낙 광범위한 개념이기 때문이다. 우리가 물질이라 할 때 그 범위는 작게는 원자에서 크게는 우주 전체에 이른다. 혹시 물리가 어려운 공식이나 법칙을 나열하는 학문이라고 생각하는지? 이 책에서 살펴볼 물리 이야기는 우주 삼라만상이 제각각으로 운동하는 얼핏 복잡하고 무질서해 보이는 물질 현상들에서 출발한다. 하지만 겉보기에 복잡하고 미묘한 자연 현상 너머에는 그것을 지배하는 단순하고 명쾌한 자연의 질서가 존재한다. 물리학은 이러한 자연의 질서를 찾아내려는 끊임없는 질문과 탐구, 문제의식의 과정이라 할 수 있다.

　교과서에는 물리학의 법칙이나 원리가 간단하고 단순하게 제시되어 있다. 중력의 원리, 질량 보존의 법칙 등을 떠올려보라. 모든 물체는 지구 중심으로 당겨지고, 형태가 달라져도 그 질량은 변하지 않는다는 이야기 등은 당연한 상식처럼 여겨진다. 그런데 왜 우리는 물리학을 어렵고 복잡하며 전문적인 학문 분야로 느낄까? 혹시 우리는 물이나 공기의 소중함을 잊고 살듯 자연 현상의 기본 원리에 무관심한 것은 아닐까. 그래서 일상생활과 큰 관련이 없어 보이는 원자니 무슨 법칙이니를 다루는 물리학은 무조건 어렵다는 선입견을 품어온 것은 아닐까.

이 책은 이러한 선입견이 조금이라도 허물어지기를 바라는 마음에서 시작되었다. 그 도전이 원자 하나만큼의 효과를 낼지 우주 규모의 파장만큼의 효과를 낼지는 책을 읽는 사람마다 다를 것이다. 여러분 중 어떤 사람은 지금껏 몰랐던 물리학의 숨은 재미를 발견할 것이고, 또 어떤 사람은 '그래도 물리는 어려워'라며 책장을 덮을지도 모른다. 하지만 나는 모든 사람이 물리에 전문적인 관심을 기울이고 깊숙이 파고들기를 바라는 욕심쟁이가 아니다. 다만 '그래도 어려운 물리'임에도 그것에 미쳐서 자신의 열정을 아낌없이 쏟아 부은 이상한(?) 사람들의 일생과 그들이 남긴 업적을 살펴보고, 작은 호기심에서 시작된 물리가 어떻게 오늘날의 체계적이고 광범한 학문으로 모습을 갖추었는지를 보여줌으로써 물리학의 매력을 부담 없이 느끼게 해주고 싶었다.

이단으로 몰릴 것을 각오하면서까지 지동설이라는 진리의 등불을 포기하지 않은 코페르니쿠스Nicolaus Copernicus와 갈릴레이 Galileo Galilei, 근대 과학의 선구자이자 물리학의 대부 뉴턴Isaac Newton, 전기학과 자기학에 다리를 놓은 앙페르André Marie Ampére, 끊임없이 창의적 실험을 행한 패러데이Michael Faraday, 19세기 마지막 보수적인 학자였지만 양자의 세계를 연 플랑크 Max Karl Ernst Ludwig Planck, 20세기 현대 과학의 지평을 연 아인슈타인Albert Einstein 등. 물리학의 세계에서 다채로운 모험을 한 학자들을 전부 나열하는 것은 지면상 불가능하다. 앞으로 차근차근 살펴볼 대표 학자들의 흥미진진한 사유와 실험은 물리학이 단순한 과학이 아닌 이 세계에 대한 질문이요 기발한 사고의

앙페르는 흐르는 전류가 자기마당을 만들어 내는 것을 설명함으로써 서로 독립적으로 발전한 전기학과 자기학을 연결해 전자기학의 탄생을 이끌었다.

전환이자 놀라운 발견의 과정임을 알게 해줄 것이다.

원자에서 우주 공간까지, 얼핏 보면 물리학의 영역에서 가능한 질문들은 모두 해소된 듯 보인다. 하지만 과연 그럴까? 물질의 최소 단위라는 원자에 대해 현대 물리학자들은 원자보다 더 작은 '소립자'의 존재를 밝히기 위한 연구에 매진하고 있다. 무한한 우주의 신비는 이제 겨우 한 꺼풀 벗겨졌을 뿐이며 어쩌면 그것은 중세의 천동설처럼 언젠가 잘못된 것으로 밝혀질지도 모른다. 물리학의 여러 분야에서 진리를 둘러싸고 벌어지는 논쟁은 학문이 존재하는 한 그리고 세상과 인간이 존재하는 한 끝나지 않을 것이다. 이미 갈릴레이를 비롯한 많은 대학자는 이러한 논쟁의 과정에서 수천 년 전부터 내려와 관습처럼 굳어진 생각에 도전하거나, 목숨을 지키기 위해 진리를 버린 듯 행동할 수밖에 없었다. 기존의 학문적 권위와 틀 때문에 수모를 겪으면서도 끝까지 자신의 생각을 굽히지 않기도 했지만, 때로는 어렵게 이루어놓은 결과를 스스로 거부하며 고집스러운 전통적 생각에 무릎을 꿇어야 하기도 했던 것이다. 한편 완벽한 질서가 밝혀지고 정리되었다고 만족할 때 전혀 뜻밖의 새로운 세계가 시작되기도 했다. 이렇게 새로운 생각들이 기존 생각을 대신하며 물리학을 끊임없이 변화 · 발전시켜온 것이다.

이 책에서는 물리학의 핵심 이론들과 원리, 그리고 그 중심에서 열심히 탐구하고 실험한 학자들의 삶을 살펴볼 것이다. 특히 이전의 잘못된 법칙에 의문을 품고 고정관념에 당당히 도전함으로써 새로운 물리적 전환을 이룬 학자들과 그들의 이론을 통해 전환기적 사고와 행동의 의의를 독자들과 함께 나누고자 노력했다. 이러한 과정은 때로 복잡한 암호 같기도, 술술 읽히는 콩트 같기도 할 것이다. 이 모두는 물리학이 원리와 전개 과정의 흥미진진함만 알면 지극히 단순할 수 있는 학문임을 전하기 위한 것이다. 더불어 법칙으로만 가득할 것 같던 물리학의 세계가 실은 끊임없는 법칙의 전복과 질문, 탐구의 과정을 통해 이룩된다는 것을 이해함으로써 일상적인 우리의 사고에서 고정된 틀을 깨고 새로운 틀을 형성하는 계기가 되기를 바란다. 더 넓고 더 깊은 진리를 포용하는 한층 단순한 진리를 밝히려는 논쟁의 과정, 그것이 바로 물리학이며 그 논쟁은 지금도 진행되고 있다.

제1장

혁명은 은밀하게
─천체 운동의 중심이 바뀌다

1. 천동설 대 지동설

고대 그리스 시대의 천동설과 지동설

여러분은 지구의 자전을 느껴본 적이 있는가? 우리는 지구가 움직인다는 것을 배워서 알고 있지만 그 움직임을 몸으로 직접 느끼지는 못한다. 고대 그리스인은 눈으로 볼 수 있고 몸으로 직접 느낄 수 있는 현상들을 바탕으로 세상을 분석했다. 따라서 그들이 지구가 움직이지 않는다고 생각한 것은 당연하다. 대신 그들은 고정된 지구를 중심으로 천체가 움직인다고 생각했다. 하늘을 올려다보면 별이 조금씩 움직이는 것이 보였기 때문이다. 피타고라스Pythagoras, 플라톤Platon, 에우독소스Eudoxos 같은 학자들은 이러한 경험적 현상을 뒷받침하는 이론을 체계화해 지구를 중심으로 천체가 원형 운동을 한다는 믿음을 더욱 견고히 했다. 그리스

최고 학자인 아리스토텔레스Aristoteles도 다른 천문학자들처럼 지구 중심의 우주관을 가졌을 뿐만 아니라 천체 운동의 완전성과 영원성을 믿었다. 그는 또한 태양, 달, 행성, 별 등 천체는 지구를 중심으로 원을 그리며 운동하고, 이 운동은 지성적인 조물주가 관리한다고 생각했다.

하지만 그리스의 천문학자들이 지구 중심의 천동설만을 생각한 것은 아니었다. 아리스타르코스Aristarchos는 특이하게도 지구가

자전하며 태양 주위를 공전한다는 지동설을 주장했다. 하지만 그의 생각은 지극히 불경스러운 것으로 여겨졌다. 당시 플라톤이나 아리스토텔레스 같은 대학자의 천동설은 과학인 동시에 종교적인 믿음이었다. 그런 상황에서 이론적 근거도 없이 기존의 믿음과 반대되는 지동설을 주장했다면 신에 대한 모독으로 받아들여지지 않았겠는가. 결국 아리스타르코스는 스토아학파의 클레안테스Cleanthes에 의해 신성 모독죄로 고발당했다. 아리스타르코스가 지동설을 제창한 사실은 아르키메데스Archimedes와 플루타르코스Ploutar-chos의 기록으로도 전해지지만 그것은 당대의 천체관에 위배되는 것이었기에 계승되지 못하고 역사 속에 묻히고 말았다.

반면 그리스인들의 우주관을 그대로 나타내는 천동설은 당대 천문학자들에 의해 활발히 수정·보완되었으며, 기원전 127~145년경, 코페르니쿠스 이전 1,500년간 최고의 천문학자로 일컬어지는 프톨레마이오스Claudios Ptolemaeos의 《알마게스트Almagest》에서 완성된 모습을 갖추었다.

고대 그리스 천문학자들의 업적을 집대성하고 자신의 관측 결과를 덧붙인 《알마게스트》는 지구 중심의 천체 운동을 바탕으로 저술된 최고의 천문 체계서다. 천체의 실제 운동 현상을 간단한 원 운동으로 설명하기 위해 '주전원'과 '이심원' 등의 수학적 생각을 도입한 이 책은 그리스 천문학의 완결판이라고 할 수 있다. 《알마게스트》는 아랍 세계에도 전해져, 그 내용의 유용함에 경탄한 아랍 학자들에 의해 더욱 정교하게 다듬어졌다. 이렇게 천동설은 국가와 시대를 건너 전해지고 다듬어지다가 마침내 중세에 이르러 로마 교회의 공인을 받음으로써 천문학자뿐 아니라 일반인 사이에도 확고한 사상적 뿌리를 내리게 되었다. 이러한 천동설에 균열이 생기고 태양 중심의 지동설이 모습을 드러내기까지는 그 후 천 년이 넘는 시간이 걸렸다.

2. 세상의 새 중심을 생각한 코페르니쿠스

위대하지만 초라한(?) 지동설의 탄생

시간을 훌쩍 뛰어넘어 현재 우리가 상식으로 알고 있는 지동설의 탄생 모습을 살펴보자. 1543년 5월 24일 코페르니쿠스(1473~1543)의 침실. 임종을 앞둔 코페르니쿠스가 가쁜 숨을 몰아쉬며 누워 있다. 제자 레티쿠스Rheticus가 조심스럽게 스승을 일으켜 앉히고는 떨리는 손으로 책 한 권을 건넨다. 《천체의 회전에 관하여De revolutionibus orbium coelestium》. 4년 전 레티쿠스의 간청에 못 이겨 넘겨준 원고가 뉘른베르크 활판 인쇄소에서 갓 제작되어 인쇄 견본이 나온 것이다. "드디어 책이……." 스승의 인생 마지막 순간에 책을 전하는 제자의 음성이 안도와 안타까움으로 가늘게 떨린다.

이것이 바로 오늘날 코페르니쿠스의 지동설로 알려진 태양 중심의 천체관이 세상에 알려진 순간이다. 오랜 세월 종교의 위력과 세간의 통념에 묻혀 있던 지동설이 천 년의 시간을 거슬러 다시 모습을 드러낸 역사적 순간이라고 하기에는 너무도 고요하고 초라한 광

레티쿠스는 오스트리아 태생의 수학자다. 제자인 그의 간청이 없었다면 코페르니쿠스의 지동설은 세상에 모습을 드러내지 못한 채 역사의 뒤편으로 사라졌을 것이다. 스승의 죽음 이후 레티쿠스는 《천체의 회전에 관하여》의 해설서를 발표하는 등 지동설을 널리 알리기 위해 노력했다.

코페르니쿠스가 태양 중심의 천체관을 담은 논문을 쓴 것은 1510~1514년이었지만 그것을 발표한 것은 한참 뒤다. 르네상스 시대에는 아리스토텔레스와 프톨레마이오스의 천동설이 종교 사회에 견고하게 자리 잡고 있었는데, 그것을 부인하는 생각이나 행위는 교회의 권위에 대한 도전 또는 나아가 지배 계급에 대한 반발로 해석될 위험이 있었다. 코페르니쿠스는 자신의 이론이 아직 증명되지 않은 부분이 있는 미완성 이론이라 생각했고, 당시 성직자로서 종교계에 몸담고 있었기에 논문을 발표했을 때 심각한 상황이 벌어질 수도 있다는 것을 잘 알고 있었다.

니콜라우스 코페르니쿠스

경이다. 훗날 천문학에 혁명의 바람을 몰고 올 징후를 누구도 눈치 채지 못하게 하려는 듯, 그렇게 지동설은 세상에 다시 나왔다.

프톨레마이오스의 천동설이 천 년이 넘도록 유지된 것은 로마 교회의 승인과 절대적 지지 때문만은 아니었다. 일반 대중도 낮에 는 태양이, 밤에는 달과 별들이 하늘을 원 운동하는 것을 명백히 관찰할 수 있었기 때문에 천동설은 신앙일 뿐만 아니라 오랫동안 삶의 지혜로 자리할 수 있었다. 천문학자에게도 천동설은 비록 완 벽한 학설은 아니었지만 개발된 관측 도구와 기술에 의해 더욱 정 밀해진 관측 결과와 함께 수정·보완되며 확고하게 자리매김한 것이다. 당시 학자들이 느끼는 천동설의 가장 큰 문제는 천문적인 관측 자료를 천동설의 시각으로 해석했을 때 설명되지 않거나 사 실과 다른 부분이 많다는 점이었다. 그래서 앞에서 말한 주전원이 나 이심원 같은 설명을 이용해 천동설의 이론적인 근거를 만듦으 로써 사람들이 천동설이 틀리지 않다고 믿게 만들었다.

코페르니쿠스가 지동설을 생각해낸 것 또한 정확히 말하자면 천동설의 근본을 송두리째 뒤집는 혁명적 생각이라 볼 수는 없다. 그는 천체의 운동, 특히 태양과 달의 운동을 천동설보다 쉽고 간 편하게 설명할 수 있는 한 방법으로서 지동설을 발표했을 뿐이다. 따라서 그의 지동설은 프톨레마이오스가 완성한 기존의 천동설을 단숨에 대체할 만한 완전한 이론은 아니었다.

그러나 이러한 한계가 있음에도 코페르니쿠스의 지동설은 사고 의 변화와 방향 전환의 시도로서 충분했다. 지동설을 뒷받침하는 실제적인 관측 자료나 수학적 증명은 내놓지 못했지만 그의 새로

코페르니쿠스의 이론 에는 두 가지 큰 문제 가 있었다. 첫째는 행성의 운 동 궤도를 원으로 본 점이다. 비록 천동설을 부인하기는 했 지만 당시의 통념인 원 궤도 에서 벗어나지 못한 것이다. 이는 뒤에서 살펴보겠지만 케 플러에 의해 타원 궤도 이론 으로 수정된다. 둘째 문제로 코페르니쿠스는 지구가 자전 과 공전을 하는 원인을 밝혀 내지 못했다.

운 우주관은 시대적 분위기(중세의 엄숙주의와 가톨릭적 세계관은 종교개혁 등으로 그 통일성이 조금씩 흔들리기 시작했다)에 힘입어 백 년도 채 되지 않는 기간에 견고하게 보완되었고 마침내 진리의 횃불로 세상을 비추었다. 지금부터 코페르니쿠스에서 출발한 지동설 이론의 탄생과 당대 또는 후대 학자들에 의해 전개된 지동설의 확립 과정을 살펴보자.

성직자의 길로 들어서다

폴란드에서 태어난 코페르니쿠스는 어린 나이에 아버지를 잃고 당시 최고 지식층인 로마 교회의 신부였던 외삼촌의 보살핌 속에 자랐다. 그에게 이러한 환경은 자연스럽게 신부가 되겠다는 생각을 품게 했다. 크라쿠프 대학에 들어가서 그는 신학, 법학, 수학 등을 공부했는데 이때 천문학을 접하면서 프톨레마이오스의 천동설을 알게 되었다. 코페르니쿠스는 프톨레마이오스의 이론이 관측 자료와 정확하게 일치하지 않는 부분이 있음을 느끼지만 그것이 훗날 지동설의 단초를 제공한 것은 아니다.

그가 본격적으로 천문학에 관심을 기울인 것은 이탈리아 볼로냐 대학에서 그리스 철학과 수학 등을 공부하면서였다. 당시 이탈리아는 백 년 전부터 불어닥친 르네상스 운동으로 그리스-로마 시대의 인본주의 문화가 화려하게 부활해 세계 그 어디보다 인간다움과 자유로움, 창의성이 살아 있었다. 이런 분위기는 문화의 변방에서 성직자의 꿈을 품고 온 경직된 젊은이에게 큰 충격을 주기에 충분했다.

《천체의 회전에 관하여》

변화의 바람이 강하게 부는 대학에서 그리스 철학을 배우며 그는 정신적 혼란을 느꼈다. 이것을 계기로 그는 인간이 닿을 수 없지만 관찰할 수는 있는 미지의 하늘에서 별이 달에 가려지는 신비한 현상을 관찰하며, 신의 영역으로만 생각해온 천체를 연구하는 학문인 천문학에 관심을 기울이기 시작했다. 비록 짧은 유학 기간이었지만 그는 정신적·문화적 충격을 극복하고 변화를 과감하게 받아들였을 뿐만 아니라 훗날 스스로 그 변화를 일으킬 씨앗을 심었다. 유럽의 중심 국가인 이탈리아에서 풍성하게 열매 맺은 르네상스의 과실을 함께 맛보고 그 분위기를 향유함으로써 감수성이 예민한 청년기에 열린 사고와 행동을 일깨운 것이다.

또 다른 길을 가면서—하늘 보기와 그 중심을 찾아서

외삼촌이 돌아가신 뒤 신부가 된 코페르니쿠스는 소속된 교회 옥상의 망성대에서 직접 만든 측각기를 이용해 천체 관측을 시작한다. 그러기를 몇 년, 천체에 대한 나름의 생각을 정리한 그는 교회력을 개정하기 위한 회의에 참석하라는 주교의 요청을 거절한다. 이미 로마 교회에서 승인한 천동설에 반하는 천체관이 확고하게 정립된 그에게 그 회의 참석은 심적 부담과 갈등을 초래할 것이 틀림없었기 때문이다.

그가 대교구장이 된 이듬해, 면죄부 판매를 비판한 루터Martin Luther에게서 촉발한 종교개혁으로 유럽 사회에는 변화의 바람이 불기 시작한다. 기존 로마 교회의 성직자가 중심인 독점적 지위는 붕괴되고 대중을 위한 성경 중심의 새로운 교회가 생겨난 것

전통적으로 교회는 죄를 용서받으려면 죄를 인정하고 다시는 죄를 짓지 않겠다는 고백을 한 뒤 기도와 선행으로 죗값을 치러야 한다고 보았다. 16세기에는 포교를 위한 성당 건설이 활발했는데 거기에 드는 자금을 충당하기 위해 고안한 것이 돈을 내고 죄를 사해주는 면죄부였다.

이다. 이러한 광풍 속에서 그 대상인 로마 교회의 고위 관리자인 코페르니쿠스는 무슨 생각을 했을까? 일개 신부(루터)가 거대한 추종 세력을 거느린 로마 교회에 맞선다는 것은 다윗이 골리앗을 이긴 것과는 차원이 달랐다. 하지만 진리의 힘을 믿고 끝까지 자신의 생각을 관철해나간 루터의 행동은 코페르니쿠스에게 적지 않은 영향을 주었다. 많은 연구자는, 성직자임에도 기존의 틀을 깨는 변화와 개혁의 바람에 민감했던 코페르니쿠스가 《천체의 회전에 관하여》를 집필한 것을 바로 그 시기로 본다. 그렇게 태양 중

코페르니쿠스가 활동한 시대는 르네상스 운동이 열매를 맺은 시기이기도 하지만 종교개혁의 불씨가 유럽 대륙에 번지며 사상적으로 일대 혼란이 일어난 시기이기도 하다.

심의 지동설을 주요 내용으로 하는 그의 생각은 개인적 탐구와 시대 상황의 맞물림 속에서 세상으로 나올 채비를 한 것이다.

3. 브라헤—최고의 맨눈 천체 관측자

코페르니쿠스의 지동설은 케플러로 이어져 정밀히 보완되는데, 그 연결을 이해하기 위해서는 브라헤Tycho Brahe(1546~1601)라는 학자를 알아야 한다. 브라헤는 천동설을 지지한 천문학자로 코페르니쿠스나 케플러Johannes Kepler와는 반대의 주장을 펼쳤다. 하지만 브라헤는 케플러의 스승으로, 스승의 관측 자료가 없었다면 케플러는 코페르니쿠스의 생각을 이론적으로 보완할 수 없었을 것이다. 브라헤는 기술이 발달하지 않아 망원경과 같은 전문 기구가 발명되지 않은 시대에 놀랍게도 맨눈으로 정밀한 관측 자료를 남겼다. 그리고 케플러는 이를 바탕으로 행성의 3대 운동 법칙을 제창해 코페르니쿠스의 지동설을 지지할 수 있었다. 결국 브라헤는 뜻하지 않게도 코페르니쿠스와 케플러로 이어지는 지동설의 발전에 교량 역할을 한 것이다. 게다가 이제 살펴보겠지만 브라헤의 우주 모형은 과거의 천동설 지지자들의 모형과 훗날 지동설 지지자들의 모형의 중간 형태를 띤 것이었다.

튀코 브라헤

브라헤의 새 우주 체계
브라헤는 16세기 후반에 활동한 덴마크의 천문학자로, 행성 운

동에 대한 뛰어난 관측 자료를 남겼다. 브라헤
가 살던 시대에는 천 년 이상 면면히 내려온 천
동설이 대중의 머릿속에 깊이 새겨져 있었고,
동시에 지동설도 일부 특정 계층에 한했지만
세상에 알려져 있었다. 이는 공존이라기보다는
과도기적 현상으로 이해해야 한다. 현실 세계
에서는 나름의 대의와 명분으로 팽팽히 맞선
보수와 개혁이라는 양대 세력이 공존할 수 있

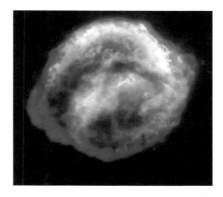

초신성

다. 하지만 자연에 대한 참된 진리의 영역에서 상반된 두 이론의
공존은 허용되지 않는다. 따라서 권위에 비해 완전하지 않고 수정
중인 천동설과 대두된 지 얼마 되지 않아 이론적 체계를 갖추지
못한 지동설, 이 두 이론에는 어느 한쪽만 살아남든가 제3의 새로
운 이론이 나타나 둘 모두 사라지든가 하는 길이 있을 뿐이었다.

초신성의 발견으로 젊은 나이에 국제적인 명성을 얻은 브라헤는
천동설과 지동설 가운데 어느 쪽이 옳은지가 중요한 것이 아니라
천체 운동을 관측해 자료를 모으고 분석해 진리를 밝혀내야 한다
고 생각하여 평생을 천체 관측에 바쳤다. 그의 재능과 열정을 인정
한 덴마크 왕의 후원으로 그는 천문대를 만들어 천체 운동을 관측
하는 데 전심전력을 다했고, 육안에 의존해 남긴 천체 운동에 대한
관측 자료는 당대 최고의 정밀도를 자랑하는 방대한 기록이었다.

관측 자료를 근거로 브라헤는 지동설에 반대하고 천동설을 지
지했다. 지구가 우주의 중심이라고 생각한 그는 지구 중심설을 옹
호하고 태양 중심설에 반대한 최후의 천문학자라 할 수 있다. 하

브라헤는 1572년 별
의 밝기가 변하는 초신
성을 발견함으로써 '천상계
불변'이라는 아리스토텔레스
이후의 우주관과 '항성 불변'
이라는 그동안의 고정관념에
일대 충격을 불러일으켰다.

지만 그의 천동설은 프톨레마이오스의 그것과는 달랐다. 브라헤 이전의 과학자들이 지구가 태양을 포함한 모든 행성 운동의 중심이라고 주장한 것과 달리, 브라헤는 지구를 제외한 모든 행성 운동의 중심은 태양이지만 태양과 달은 지구를 중심으로 운동한다고 주장했다. 즉 태양과 달이 지구를 중심으로 공전하고 다른 행성들이 태양을 중심으로 공전한다는 것이다. 태양이 자기 주위를 도는 행성을 이끌고 우주의 중심인 지구 주위를 돈다는 그의 새 우주 체계는 천동설과 지동설의 중간 형태를 모형으로 한다는 점에서 프톨레마이오스와 코페르니쿠스를 연결하는 다리 역할을 했

다고 볼 수 있다.

4. 케플러—수학으로 지동설을 보다

행성은 어떻게 운동하나

독일의 천문학자인 케플러(1571~1630)는 1600년 브라헤의 제자가 되었고 1년 뒤 브라헤가 세상을 떠날 때 그의 자료를 넘겨받았다. 스승이 남긴 천체 운동에 대한 관측 자료를 정리 분석한 케플러는 1609년 《신(新)천문학Astronomia nova》에 행성 운동에 대한 그의 제1법칙인 '타원 궤도의 법칙'과 제2법칙인 '면적 속도 일정의 법칙'을 발표한다. 타원 궤도의 법칙은 행성은 태양을 초점으로 타원 궤도 운동을 한다는 것이고, 면적 속도 일정의 법칙은 태양과 행성을 연결한 선이 일정한 시간 동안 운동했을 때 쓸고 지나가는 면적은 일정하다는 것이다.

요하네스 케플러

이 두 법칙은 태양계에 있는 모든 행성의 운동을 관측한 브라헤의 정밀한 관측 자료와 그 자료를 분석해낸 케플러의 수학적 능력이 어우러져 탄생한 결과물로 이를 통해 코페르니쿠스의 지동설은 학설로서의 가치를 담보하게 되었다. 즉 지구를 포함한 태양계의 모든 행성은 태양을 중심으로 타원 궤도 운동을 한다는 사실을 증명함으로써 코페르니쿠스의 지동설을 이론적으로 뒷받침한 것이다. 케플러의 법칙은 어떤 학설의 옳음을 알리는 최초의 지지 발표이며, 과학적 논문이 갖추어야 할 완전함을 보여준 이상적 본보

과학 논문은 어떤 이론을 막연한 생각이나 느낌으로 나타내는 것이 아니라 구체적인 자료와 그 자료를 해석하는 방법을 통해서 가설을 증명하는 것이다. 이런 맥락에서 케플러의 법칙은 그 표본이 되는 최초의 논문이라는 가치를 지닌다.

기라는 의미에서 또한 중요하다. 스승의 위업을 계승·발전시키려는 노력이 이끌어낸 그의 법칙으로 인해 이제 지동설은 천동설에 대하여 이론적 우위를 확보하게 되었다. 1619년 케플러는 자신의 제3법칙인 '행성의 공전 주기와 공전 궤도의 반지름과의 관계'를 발표함으로써 법칙 체계를 완성했으며, 지동설로 태양계의 행성 운동을 완전하게 설명함으로써 지동설의 이론적 토대를 확고히 했다.

스승과 제자의 합주곡

브라헤는 자신의 모든 관측 자료를 제자인 케플러에게 넘기면서, 케플러가 그 자료를 분석해 태양을 중심으로 한 행성의 운동이 원 궤도 운동임을 밝혀주기를 바랐다. 하지만 스승의 유지를 받든 케플러가 8년여의 노력 끝에 밝혀낸 사실은 행성의 운동은 원 궤도가 아니라 타원 궤도라는 것이었다.

그런데 브라헤는 왜 행성이 원 운동을 하리라고 보았을까? 고대 그리스인들처럼 브라헤 또한 원 운동이 신의 완전성을 나타낸다고 생각한 것은 아닐까. 루터의 종교개혁과 코페르니쿠스의 지동설로 훼손된 로마 교회의 위상과 그 교리의 정당성을 행성의 원 운동이 과학적으로 되살려줄 수 있기를 간절히 바란 것인지도 모른다. 그러나 케플러는 스승의 희망과는 완전히 다른 결론에 도달했다. 이는 그 둘이 같은 분야에 대한 열정을 품은 학자로서 서로가 가지지 못한 부분을 보완한 결과라 할 수 있다. 스승 브라헤는 탁월한 관측 능력으로 소중한 자료를 남겼지만 그것을 이론적인 결과물로 정리하는 능력이 부족했던 반면, 제자 케플러는 관측 능력은 부족했지만 탁월한 수학적 분석 능력이 있었기에 스승의 자료를 십분 활용해 지동설의 이론적 증명이라는 업적을 남긴 것이다.

5. 갈릴레이—망원경으로 지동설을 보다

망원경 개발—보이는 대로 말하리라

1609년 갈릴레이(1564~1642)는 네덜란드에서 발명된 망원경을 개량해 인류 최초로 천체 관측에 사용했다. 태양 표면에 흑점이 있고 그 흑점은 표면에서 운동하고 있다는 것, 달의 표면에 산과 계곡이 있다는 것, 금성도 달처럼 차고 이지러진다는 것, 목성에 네 개의 위성이 돌고 있다는 것, 은하수는 수많은 별로 이루어진 집단이라는 것 등을 망원경을 통한 관측으로 발견한 것이다. 이 가운데 목성 주위를 돌고 있는 위성을 발견한 것은 코페르니쿠스의 지동설을 확증하는 결정적 증거가 되었다. 태양 중심의 행성 운동에 대한 케플러의 법칙과 갈릴레이에 의한 목성의 위성 관측으로, 지동설이 천동설처럼 자연 현상을 설명하는 하나의 이론이 아니라 천체 운동을 올바로 밝힌 자연의 진리임이 확정된 것이다.

하지만 1610년 갈릴레이의 지동설이 로마 교회에 파문을 일으켜 1616년 교황청에 의해 금지되고 그의 모든 활동은 중지당했다. 교황청에서 조건부 출판 허가를 받아 1632년에 프톨레마이오스-코페르니쿠스의 주요 우주 체계에 대한 대화를 출판했지만 곧 금서

1608년 네덜란드의 안경점 주인 H. 리페르세이가 발명한 망원경은 지동설 확증이라는 문명사의 획기적인 전환에 빼놓을 수 없는 역할을 했다. 리페르세이는 금속 통에 렌즈 두 개를 부착해 풍경을 보다가 그것이 물체를 확대해서 보여준다는 것을 알고 망원경을 만들었다.

갈릴레오 갈릴레이

가 되고 이듬해 그는 종교재판에 회부되어 천동설이 옳다고 자백해야만 했다. 그 뒤 그는 오직 역학에만 관심을 기울여 1638년에 두 가지 새로운 과학에 관한 논술을 출간하여 역학의 세계에 혁명의 씨앗을 뿌렸다. 훗날 뉴턴은 역학 체계(힘의 법칙)에서 제1법칙으로 관성의 법칙을 발표했는데, 그 관성이라는 개념과 표현은 전적으로 갈릴레이에게서 가져온 것이었다.

　갈릴레이의 지동설은 단순히 천체관의 전복이라는 과학적 업적

외에 과학자의 태도와 과학에 대한 사회의 의식에 근대적 영향을 미쳤다는 데 의의가 있다. 갈릴레이 이전의 과학자들은 이론이나 논문을 발표한 뒤 주위의 반응에 그리 강력한 이론적 대응을 하지 않았는데, 갈릴레이는 자신의 주장을 믿지 않거나 반대하는 사람들을 끊임없이 설득했다. 이는 자신의 주장에 논리적인 설득력이 있다는 확신을 가졌을 때 그것을 널리 알리기 위해 애쓰는 사회적 책임감을 지닌 과학자의 자세를 몸소 보여준 것이라 할 수 있다. 그가 활동하던 이탈리아는 교황청이 있는 교회의 총 본부라 할 수 있는데, 갈릴레이가 과학자적인 열정 하나만으로 천동설을 부인한 것은 섶을 지고 불 속에 뛰어든 격이었다.

종교계는 당연히 갈릴레이의 의견을 받아들이지 않고 몇 차례 탄압을 했지만 그는 과학자적 양심으로 자신의 주장을 펼쳐나갔다. 비슷한 시기 케플러가 종교적 탄압이 그리 심하지 않은 독일에서 황제의 지지를 받으며 자신의 주장을 펼친 것과 비교하면 과학에 대해 종교계가 어떤 시각을 취했는지 알 수 있다. 그런 견고한 벽에 맞서 이론으로 무장하고 시대 변화를 지원군으로 둔 갈릴레이의 지동설 주장은 당장은 아니었지만 종교계의 고정관념을 깨는 데 충분한 에너지를 갖춘 것이었다. 그랬기에 훗날 뉴턴과 같은 과학자에 대해 종교계는 그리 강한 탄압을 가하지 않았다. 즉 갈릴레이의 지동설은 이론적으로나 사회적으로나 다음 장에서 살펴볼 뉴턴의 연구에까지 큰 영향을 주었고, 이것은 물리학 전반의 발전으로 이어지는 결과를 낳은 것이다.

케플러가 종교계의 반발에서 비교적 자유로웠던 것은 어찌 보면 갈릴레이가 그만큼 공격적으로 종교계에 맞섰기 때문이라 할 수 있다.

과학자의 자세—뢴트겐과 노벨

독일에서 태어나 네덜란드에서 자란 뢴트겐Wihelm Konrad Röntgen(1845~ 1923)은 X선을 발견한 공로로 노벨상의 물리학 분야에서 처음으로 상을 받은 물리학자다. 그는 어린 시절 그리 뛰어난 학생은 아니었지만 대학을 졸업한 뒤에는 큰 어려움 없이 대학의 학장 자리에까지 올랐다. 1895년까지 48편의 논문을 발표했고, 특히 우연히 발견한 X선에 대한 짧은 논문 한 편으로 하루아침에 전 세계의 주목을 받는 유명인이 되었다. 하지만 그는 X선에 관한 어느 것에 대해서도 특허 출원을 하지 않았다. 자신의 발견은 자연의 일부를 밝힌 것으로 자연은 모두가 공유해야 한다는 이유에서였다. 결국 뢴트겐은 가난과 병마에 시달리며 비참한 노후를 보냈다.

한편 노벨Alfred Bernhard Nobel(1833~1896)은 좋은 교육 환경에서 자라나 청소년기에 이미 전문가 수준의 과학 지식을 자랑했다. 여러 외국어에도 능통했던 그는 미국, 러시아, 프랑스 등지에서 유학을 마치고 스웨덴으로 돌아와 고성능 폭탄을 제조했다. 하지만 1864년, 운영하던 공장에서 폭발 사고가 발생해 사랑하는 가족을 잃었다. 이런 역경 속에서도 안전한 폭탄 제조를 위한 연구를 포기하지 않았던 그는 1867년, 마침내 다이너마이트를 발명했다. 그는 곧 영국, 미국 등에 특허를 내 세계 곳곳에 공장을 세우고 다이너마이트를 생산·판매하여 엄청난 부를 얻었다. 노벨은 죽기 전에 자신의 전 재산을 사회에 환원한다는 유언을 남겼는데, 그 뜻에 따라 노벨이 남긴 재산으로 운영되는 노벨 재단이 만들어졌다. 1901년 이후 지금까지 노벨상은 세계에서 가장 권위 있는 상으로 여겨진다. 그가 왜 전 재산을 사회에 환원해 노벨상 제도를 만들었는지 그 이유는 따로 알려지지 않았다.

모든 발명 또는 발견은 과학자의 노력으로 이루어지지만 간혹 우연이라는 행운이 따르기도 한다. 그러나 우연을 포착하고 활용하는 과학자의 지식과 노력이 없다면 우연은 그저 우연에 그치고 말 것이다. 우리는 뢴트겐과 노벨의 예에서 과학자가 사회에 얼마나 중요한 영향을 미치는 존재인지 짐작해볼 수 있다. 뢴트겐은 자신의 발견이 이미 있던 자연의 일부를 밝힌 것뿐이라는 겸손한 자세를 보임으로써 오늘날까지 많은 사람이 그 발견의 혜택을 누릴 수 있게 했다. 노벨은 이와는 다르게 많은 희생과 노력의 대가로 발명한 다이너마이트로 엄청난 부를 축적했지만 '인류에 가장 큰 공헌을 한 사람들'에게 상을 수여하라는 유언과 함께 전 재산을 사회에 환원했다. 그리고 이는 열악한 환경 속에서도 진리 탐구에 대한 노력을 게을리 하지 않는 전 세계 많은 학자의 희망이 되고 있다. 내가 만약 뢴트겐이라면, 노벨이라면 과연 어떻게 할지 상상해보라. 또 그 이유는 무엇이지도. 그리고 여러분이 상상하는 과학자의 자세가 미래 한국을 나아가 세계를 이끌어가는 원동력이 되기를 꿈꿔본다.

제2장

런던에는 죽음의 그림자가,
과학에는 대발견의 씨앗이

물리학의 중요한 발견과 그 중심이 된 대학자를 이야기할 때 빼놓을 수 없는 사람 중 하나는 뉴턴(1642~1727)이다. 물리학적 직관과 수학적 능력을 겸비한 뉴턴은 역학 체계를 확립함으로써 근대 과학의 시대를 열었고, 고대 그리스와 중세의 철학적 우주관을 수학 법칙에 따른 기계론적 우주관으로 전환한 과학자다. 미적분법, 만유인력 법칙, 힘의 법칙, 광학 등 근대의 과학적 학문 체계를 세운 뉴턴은 한마디로 근대 과학의 아버지라 할 수 있다.

1. 재앙 속에 움튼 새싹

검은 죽음의 그림자를 피해

1665년 런던은 죽음의 그림자로 덮여 있었다. 모두를 죽음으로 몰아넣는 검은 악마의 질병 페스트의 창궐에 사람들은 속수무책으로 당할 수밖에 없었다. 페스트는 수세기에 걸쳐 유럽을 공포의 도가니로 몰아넣은 무서운 전염병이었다. 14세기 몽골에서 유럽 대륙으로 옮아온 페스트는 당시 유럽 인구의 삼분의 일에 달하는 2,500만의 사람을 주검으로 만들었다. 발병 원인을 모르기 때문에 제대로 된 처방조차 할 수 없었던 당시, 유일한 방책은 감염자들을 격리하는 것뿐이었다.

아이작 뉴턴

수세기 동안 소멸되지 않은 채 간헐적으로 발생하여 유럽 사회를 긴장시키던 죽음의 병 페스트가 도시를 덮친 1665년의 런던 상황도 대륙의 그것과 크게 다르지 않았다. 도시는 공황 상태에 빠졌고 시민들은 너도나도 안전한 곳을 찾아 런던을 떠났다. 대학도 문을 닫았다. 런던 케임브리지 대학의 트리니티 칼리지 학생이던 뉴턴도 폐쇄된 학교를 떠나 고향 울즈소프로 향했다.

떨어지는 사과에서 돌고 있는 달을 깨닫다

당시 과학계는 어떤 상황이었을까? 앞 장에서 살펴보았듯 이미 코페르니쿠스, 갈릴레이, 케플러 등이 지동설과 그것을 뒷받침하는 법칙 그리고 관성에 관한 논문을 발표했지만 이것이 대중적이고 일반적인 이론으로 알려지지는 않고 있었다. 사람들에게는 여전히 태양이 지구를 중심으로 돌고 있고, 무거운 물체가 가벼운 물체보다 빨리 떨어지며, 추진력이 없으면 물체의 운동은 유지될 수 없었다. 이러한 아리스토텔레스 체계가 잘못된 상식임을 밝히기에는 이론적으로 확실한 증명이 이루어지지 못하고 있었다. 당시 과학자들은 지동설의 체계와 케플러의 법칙을 통해 태양계의 행성 운동이 어떻게 일어나는가는 이해했지만 그 운동이 왜 일어나는가는 설명하지 못했기 때문이다. 즉 행성들이 태양에서 멀어지지 않고 일정한 거리를 이동한다는 점에서 태양이 행성에 어떠한 영향을 끼친다는 사실은 이해했지만 그 영향이 일종의 '힘'이라고는 생각하지 못한 것이다. 일단 태양과 행성 간에 힘이 작용하기에는 둘 사이의 거리가 너무 멀다는 점과 그러한 힘이 작용하는데도 행성들이 태양에 끌려가지 않고 일정한 거리를 유지하고 있다는 점은 풀리지 않는 의문이었다. 그런데 페스트의 공포가 만연한 중세와 근대의 혼란스러운 과도기에 뉴턴은 이러한 당대의 과학적 과제를 이론적으로 밝혀냄으로써 과학계에 일대 혁명을 일으켰다.

영국 케임브리지에 있는 뉴턴의 사과나무

널리 알려졌다시피 뉴턴이 만유인력의 법칙을 발견한 것은 페스트의 창궐로 고향에서 보낸 2년여의 시간 동안이었다. 그 기간에 뉴턴은 다양한 과학적 실험과 사색을 하며 보냈는데, 사과나무에서 떨어지는 사과를 보고 '떨어지는 사과와 나는 같은 상황에 있다. 왜 사과는 위나 옆이 아닌 아래로만 떨어질까?'와 같은 의문을 품었고 이 생각을 발전시킴으로써 '지구가 사과를 당기기 때문'이라는 결론을 도출했다. 즉 떨어지는 모든 물체는 지구와 그 물체 사이의 끌리는 힘 때문에 지구 중심을 향해 떨어진다는 것이다.

그 힘을 뉴턴은 만유인력이라 명명했는데, 이는 질량이 있는 두 물체 사이에 작용하는 힘으로 정의할 수 있다. 만유인력은 지구와 지상의 물체 사이에만 작용하는 것이 아니다. 태양, 달 등의 천체와 지구 사이 그리고 태양, 달, 행성 등의 천체와 천체 사이에도 존재한다. 작게는 양성자와 전자 사이에, 넓게는 우주의 은하와 은하 사이에까지 존재하는 만유인력은 자연계의 기본적인 힘 가

아리스토텔레스, 케플러, 갈릴레이 등 당대 최고의 학자들은 운동이 어떻게 일어나는가를 나름대로 설명했지만 그 원인은 밝혀내지 못했다. 뉴턴의 만유인력은 그들의 설명을 통합한 기본 원리의 발견으로, 아리스토텔레스가 설명한 지상에서의 운동과 케플러가 3대 법칙으로 밝혀낸 태양계에서 행성의 운동, 갈릴레이가 분석한 연직-낙하 운동이나 빗면-낙하 운동 등은 모두 만유인력으로 귀결된다.

운데 하나다. 그렇다면 만유인력은 어떻게 작용하는 것일까? 사과와 지구, 달과 지구 등 한 물체는 어떻게 상대에 대한 정보를 입수해 힘의 크기와 방향을 결정하고 그 힘으로 끌어당기는 것일까? 뉴턴은 이에 대해 '원격 작용'이라는 대답을 내놓았다. 두 물체가 한순간에 모든 정보를 입수-분석-종합해 끌어당길 힘을 구하고 동시에 그 힘으로 상대를 당긴다는 것이다. 그런데 이 이론에는 해결해야 할 문제점이 있다.

뉴턴의 원격 작용에 따르면, 한 물체에서 다른 물체에 미치는 힘은 두 물체 사이의 거리와 상관없이 조금의 시간도 걸리지 않고 순간적으로 미쳐야 한다. 그런데 이동 속도가 가장 빠르다고 알려진 빛조차도 태양에서 지구까지 이동하는 데는 8분 20초가 걸린다. 즉 두 물체 사이에 작용하는 힘이 빛의 속력으로 작용한다 해도 거리를 빛의 속력으로 나눈 시간만큼은 걸려야 하므로 뉴턴의 원격 작용 개념은 잘못되었다는 결론이 나온다. 그렇다면 물체 사이의 힘이 어떻게 순간적인 작용처럼 일어난다는 것일까? 그에 대한 답은 4장에서 살펴볼 '마당'이라는 개념을 통해 알 수 있다.

통일의 원조

만유인력으로 지상의 물체 운동과 천상의 천체 운동은 본질적으로 하나의 운동이 되었다. 사과가 왜 나무에서 땅으로 떨어지는가, 달이 왜 지구를 중심으로 돌고 있는가 등은 모두 설명되었다(사실 달은 돌고 있는 것이 아니라 사과처럼 지구 중심을 향해 떨어지고 있는 것이다. 지구 중심이 달을 계속 당기지 않는다면 달은 지구에서 멀어져 운동해야 맞지 않겠는가). 사과나 달은 각각 지구와의 만유인력이라는 근본적인 힘 때문에 그렇게 떨어지거나 돌고 있는 것이다. 이로써 운동이 어디서 일어나는가는 더 이상 관심 사항이나 제약 사항이 되지 못했다. 관심은 어떤 힘에 의해 그 운동이 생겨나는가일 뿐이었다.

이처럼 이전까지는 전혀 다른 자연 현상으로 인식되던 지상과 천상의 문제들의 본질을 꿰뚫어 하나의 문제로 통일했다는 점에서 뉴턴은 통일에 있어 통일장 이론을 펼친 아인슈타인보다 원조라 할 수 있지 않을까. 그러면 지금부터 만유인력을 비롯해 관성, 힘의 법칙 등 뉴턴의 역학 체계를 하나씩 짚어보겠다.

> 통일장 이론은 고전 역학에서 말한 중력 마당[場]과 전자기학에서의 전자기 마당 그리고 원자핵에서의 핵력 마당 등 네 가지 우주의 근본적인 힘을 각각 독립적이며 특수한 것이 아닌 보편적이며 일반적인 하나의 것으로 만들기 위한 이론이다.

2. 하늘과 땅을 하나로 엮은 만유인력

핼리가 물었다.

"중력이 거리의 제곱에 반비례한다면, 행성은 어떤 곡선으로 운동하겠습니까?"

"타원이지요."

나는 잠시의 망설임도 없이 대답했다.

"왜냐고요? 계산해보았으니까요."

— 뉴턴의 일기 중에서

> 핼리(1656~1742)는 영국 출생의 천문학자로 우리에게는 핼리 혜성으로 유명하다. 뉴턴의 오랜 친구로서 《프린키피아》를 기획하고 교정을 보았으며, 출간 비용을 대는 등 재정적·학문적인 지원을 아끼지 않았다.

이는 1684년의 어느 날 천문학자 핼리Edmund Halley가 뉴턴을 찾아왔을 때 나눈 대화다. 이를 통해 핼리는 뉴턴이 우주의 가장 기본적인 법칙 가운데 하나인 만유인력의 법칙을 해결했다는 소문이 사실임을 확인했다. 당시 핼리는 태양과 행성 사이의 인력 문제를 놓고 훅과 함께 고민에 빠져 있었다. 케플러가 발표한 타원 궤도의 법칙과 면적 속도 일정의 법칙에 따르면 태양과 행성 사이에는 거리의 제곱에 반비례하는 인력이 있어야 한다는 결론(역제곱 법칙)이 나온다. 즉 타원 궤도의 어느 부분을 기준으로 하든 같은 시간에 이동한 면적이 같은 값을 가진다는 면적 속도 일정의 법칙에 충족되려면 거리가 멀수록 행성은 느린 속도로 이동해야 하는데, 이는 서로를 끌어당기는 힘 즉 인력이 거리에 비례해 감소함을 의미한다. 핼리와 훅은 이 단계까지는 생각을 진전했지만 그것을 수학적인 법칙으로 증명하지는 못하고 있었던 것이다.

드디어 우주의 기본이 드러나다

태양과 행성 사이의 끌어당기는 힘의 원리, 즉 천체를 구성하는 기본 원리에 대한 자신과 훅의 고민을 뉴턴이 해결한 것을 알게 된 핼리는 뉴턴에게 만유인력에 대한 글을 발표할 것을 권유한다. 뉴턴은 처음에 자신의 이론을 간단한 논문으로 발표하려 했으나 핼리가 큰 영향력을 행사하고 있던 왕립학회의 출판 약속을 받은 뒤 책으로 발표할 결심을 굳힌다. 18개월 동안 책 쓰기에 전념한 결과, 1687년에 뉴턴은 드디어 고전 역학의 완성작인 《프린키피아Principia》를 출판한다.

혹(1635~1703)은 뉴턴의 《프린키피아》 출판 과정에서 표절 시비를 걸어 뉴턴을 괴롭힌 사람이다. 뉴턴과 혹의 악연은 그 이전으로 거슬러 올라간다. 뉴턴이 1672년에 오늘날 분광학의 기초가 되는 논문을 발표했을 때 훅은 그 결과에 이의를 제기했다. 당시 훅은 뉴턴보다 더 높은 평판과 지위를 가지고 있어, 그와의 거듭된 논쟁은 뉴턴을 지치게 만들었다. 결국 뉴턴은 1672년에 완성한 광학 원고를 혹이 죽은 다음 출판할 정도로 혹과의 충돌을 피했다.

1640년대 영국의 상인, 지주, 지식인 등 자연 연구 애호자들에 의해 세워진 옥스퍼드 철학 협회에서 출발한 학회다. 찰스 2세를 회원으로 맞은 뒤 1662년 왕의 특허장을 얻음으로써 왕립학회로 이름이 바뀌었다. 당시 왕립학회는 대표적인 과학자들이 다양한 실험과 학문적 교류를 행한 유럽 과학의 본거지 역할을 했다.

1687년 라틴어로 저술된 이 책의 원제는 '자연철학의 수학적
원리Philosophiae Naturalis Principia Mathematica'다. 이 책
에서 뉴턴은 자신이 생각한 힘과 운동, 그리고 행성의 운동에 관
한 내용들을 수학적인 도구로 설명했다. 뉴턴은 이 책을 통해 코
페르니쿠스-갈릴레이-케플러로 이어진 지동설을 완성했으며, 힘
과 운동에 관한 내용은 300년이 넘은 오늘날에도 보편적으로 사용
된다. 그러나 이 책의 출판이 순조롭지만은 않았다. 혹은 뉴턴의
책에 실린 내용 중 역제곱 법칙이 자신의 생각을 표절한 것이라고
주장했고, 출판을 약속한 왕립학회가 지원금 지급을 미루는 등 우
여곡절이 많았다. 그때마다 뉴턴을 도와준 것은 핼리였다. 학자들
과의 갈등을 중재하고 출판 비용을 대는 등 자신의 일처럼 뉴턴을
도운 핼리가 없었다면 《프린키피아》는 세상에 나올 수 없었을지
모른다.

에드먼드 핼리

《프린키피아》는 혁신적이고 새로운 생각을 담은 책이 아니다. 그
보다는 누구도 명확히 정리하지 못한 이론들을 수학적으로 계산
할 수 있는 방법론을 생각해내고 그것을 법칙화해 이론으로 제시
했다는 데 주목해야 한다. 혹이 자신이 먼저 역제곱 법칙을 생각
해냈다고 주장한 것은 어찌 보면 수긍이 간다. 어떤 운동과 현상
의 원리나 성질을 밝혀낸 사람은 따로 있는데 그 수학적 증명에
성공한 사람이 앞선 공까지 모두 가져간다면 불공평하다고 생각
할 수 있지 않겠는가. 하지만 과학의 기본 목적은 다양한 현상과
성질의 기본 법칙을 밝혀내는 것이다. 현상을 관찰해서 어떤 결과
를 얻는 것이 아니라 관찰하지 않아도 법칙에 따라 결과를 미리

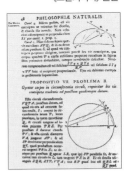

《프린키피아》 본문

알 수 있게 하는 것이 과학의 역할인 것이다. 그리고 그 법칙이 진정한 법칙으로서 세상에 받아들여지기 위해서는 과학적으로 증명되어야 한다. 이러한 면에서 훅과 핼리는 만유인력의 역제곱 법칙이라는 물리 현상을 이해하는 통찰력은 있었지만 그것을 풀어낼 수학적 도구가 부족했다고 할 수 있다. 뉴턴은 이 문제를 미분법과 적분법을 통해 해결했다.

이처럼 뉴턴은 만유인력이라는 힘을 수학적으로 증명함으로써 태양계의 운동을 설명하는 데 성공했다. 이와 더불어 그는 우주의 근본 원리인 힘에 대한 물리학적 정의를 내려 자신의 역학 체계를 완성한다.

3. 힘의 법칙

뉴턴의 역학 체계는 '힘'을 통해 우주의 질서를 이해하려는 입장이다. 그러므로 힘에 대한 정의를 통해 힘의 개념을 도입하는 것은 그의 역학 체계를 구성하는 기본 조건이라 할 수 있다. 힘에 대한 체계적인 정리를 위해 뉴턴이 가장 먼저 주목한 것은 갈릴레이의 실험과 거기에서 도출된 이론으로, 이를 발전시켜 관성의 법칙, 가속도의 법칙, 작용-반작용의 법칙이라는 세 가지 역학 체계로 완성했다.

갈릴레이, 아리스토텔레스 물리학에 정면으로 도전하다

어느 날 아리스토텔레스에게 제자가 물었다.
"스승님, 나뭇잎은 왜 (올라가지 않고 아래로) 떨어집니까?"
철학자는 대답했다.
"그것이 자연스럽기 때문이다."

물체가 떨어지는 것을 낙하 운동으로 보지 않고 자연 상태로 돌아가는 것이라 해석한 사람, 그는 철학자였다. 반면 그것을 직선

뉴턴의 미적분은 오늘날 우리가 수학에서 일반적으로 사용하는 라이프니츠의 미적분법과는 독립된 것이다. 미적분법을 누가 먼저 발견했느냐를 두고 독일의 라이프니츠와 뉴턴의 우선권 논쟁이 있기도 했다. 라이프니츠가 1675년에 미적분법을 발견하고 1677년에 발표했으므로 발표 시기로만 보면 뉴턴보다 먼저다. 하지만 뉴턴은 이미 그전에 미적분법을 창안해내 물리학에 관련된 여러 일에 적용해 왔음이 밝혀졌다. 그러나 누가 먼저 발견했느냐는 중요하지 않다. 두 사람은 독립적으로 각자의 독창적인 생각을 펼쳐냈으며 이를 활용해 자신의 영역에서 과학적으로 유익한 이론을 구축했기 때문이다.

운동의 하나인 낙하 운동으로 보고 나아가 눈에 보이지 않는 이상적인 공간(어떤 저항이나 변수가 없는 상태)에서의 운동까지를 생각한 사람, 그는 과학자였다. 같은 현상(또는 사건)을 바라보더라도 철학자와 과학자는 관점이 서로 다르기 때문에 해석 또한 다르다. 관찰자의 주관적인 관점에 따라 같은 현상도 다르게 설명될 수 있는 것이다.

아리스토텔레스는 떨어지는 물체의 속력은 그 물체의 무게에 비례한다고 여겼다. 그래서 무거운 물체가 가벼운 물체보다 빨리 떨어진다고 생각한 것이다. 이는 생활 속에서 경험을 통해 자연스럽게 유추할 수 있는 생각이다. 그러나 이에 의심을 품은 사람이 있다. 바로 갈릴레이다. 그는 조건을 바꿔가며 실험을 거듭한 끝에 모든 물체는 같은 높이에서 똑같은 시간 동안 떨어지며, 빗면에서의 운동에서도 떨어지는 속도는 높이에만 의존할 뿐 그 기울기와는 무관하다는 것을 알아냈다. 또한 이들 운동이 등가속도 운동, 즉 속도의 증가량(가속도)이 일정한 운동 또는 속도가 일정한 크기로 빨라지는 운동의 한 가지라는 사실도 아울러 밝혀냈다.

갈릴레이가 낙하 실험을 한 피사의 사탑

아리스토텔레스의 이론에 맹목적이던 당시 분위기를 떠올리면 갈릴레이의 생각과 피사의 사탑에서 행한 유명한 낙하 실험은 혁명적이라 할 만한 것이었다. 갈릴레이가 그러한 사고의 전환을 이룬 계기는 학창 시절 우연히 줄 끝에 매달려 왕복하는 진자가 같은 시간과 간격으로 운동한다는 사실을 알아낸 일이었다. 이후 수학의 매력에 빠져 공부에 매진한 갈릴레이는 모든 물체는 무게에 상관없이 낙하 속도가 일정하다는 사실을 밝혀냈다.

이러한 낙하 법칙에서 갈릴레이는 모든 운동에는 반드시 그 운동에 반대되는 저항이 따른다는 결론을 이끌어냈다. 가벼운 물체에는 그만큼 약한 저항이, 무거운 물체에는 그만큼 강한 저항이 가해지므로 물체의 낙하 속도는 결과적으로 동일하다는 것이다. 그는 이러한 생각을 발전시켜 '저항 없는 빗면을 따라 내려오는 물체는 그 운동을 멈추지 않을 것이다'라는 가정을 세웠다. 즉 낙하 운동에서 물체가 동일한 속도로 떨어진다면 빗면에서의 운동에서도 그럴 것이라고 생각한 것이다. 이는 실험으로는 증명하기 힘든 가정인데, 공기와 마찰이 존재하는 상태에서는 저항이 없는 실험 조건을 만들기가 불가능하기 때문이다. 하지만 역학의 기초가 되는 상대성 이론과 관성의 법칙을 이끌어낸 갈릴레이는 기하학 이론과 이를 뒷받침할 만한 실험들만으로 '저항이 없는 이상적인 운동'의 상태를 설명해냈고, 이때 운동하는 물체는 계속해서 운동하려 한다는 관성이라는 성질을 확실하게 증명하기에 이른다.

운동하고 있는 물체가 그러하듯 운동하지 않고(정지 상태에) 있는 물체도 그 상태(정지 상태로) 그대로 있으려 한다. 그 상태 그대로를 유지하려는 물체의 고집, 그것이 물체의 관성이다. 모든 물체는 나름의 고집이 있다. 질량이 큰 것은 작은 것보다 고집이 더 세다. 새우를 뛰게 하는 것보다 고래를 뛰게 하는 것이 그 질량 차이만큼이나 더 힘이 든다는 게 물리학적 해석이다.

과학에서 말하는 이상적인 조건은 저항(혹은 마찰)이 없는 상태를 말한다. 지금은 문제를 단순화하는 과정으로 이상화 조건을 가정하는 것이 일반적이지만, 당시 사람들은 늘 경험하는 것이 아닌 저항이 없는 이상적인 상태를 생각하지 못했다. 하지만 갈릴레이는 실제 상황을 이상화 과정을 통해 추상적인 상황으로 바꾸어 물체의 관성이라는 성질을 창안해낸 것이다. 운동을 이상화하고 수학화하여 설명하는 그의 방법은 물리학에서 문제 해결의 전통적 기법이 되었다.

관성의 법칙에서 시작된 뉴턴의 역학 체계

뉴턴은 갈릴레이가 밝혀낸 관성의 법칙을 그의 세 가지 힘의 법칙 가운데 첫째 법칙으로 받아들였다. 즉 물체에 힘이 작용하지 않는다면 그 물체는 운동 상태를 그대로 유지한다는 것이 뉴턴 역학의 제1법칙이다. 운동 상태를 그대로 유지하는 성질을 나타냈기 때문에 이 법칙을 '관성의 법칙'이라 부르기도 한다. 따라서 물체에 힘이 작용하지 않는다면 물체는 고집대로, 그 상태 그대로 있을 수 있다.

그렇다면 물체에 힘이 작용할 때 그 물체의 운동 상태는 어떻게 될까? 관성이 되어버린 고집을 계속 부려 그대로 있을까? 아니면 그 고집을 꺾고 힘이 작용하는 대로 따름으로써 운동 상태가 변할까?

이와 같은 질문에 대한 답이 바로 뉴턴 역학 제2법칙이다. 제2법칙은 물체에 힘이 작용하면 물체는 시간에 따른 운동량의 변화율에 비례하여 운동한다는 것으로, 이른바 시간에 따른 운동량의 변화율 즉 '가속도의 법칙'이다. 힘이 작용하면 물체는 더 이상 관성을 보여줄 수 없다. 다시 말해 운동 상태를 그대로 유지할 수 없다. 그리고 힘의 작용으로 운동 상태에 변화가 일어나면 그 변화는 물체의 가속도로 나타나게 된다.

이때 주의할 점이 있는데, 아무리 물체에 힘이 작용한다 하더라도 그 힘이 물체의 관성을 이기지 못하면 물체는 그 상태 그대로 있게 된다. 물체의 관성을 이기는 힘이 작용해야 비로소 물체의 운동 상태에 변화가 생겨 가속도 운동 상태로 바뀌는 것이다. 한 사람이 밀어서는 꿈적도 하지 않던 트럭이 여러 사람이 힘을 합쳐 밀면 움직이기 시작하지 않는가.

이것이 바로 뉴턴 역학의 제3법칙이다. 이는 두 물체 사이에 작용하는 힘의 관계에 대한 설명으로 '작용-반작용의 법칙'이라 불린다. 한 물체가 다른 물체에 힘을 작용하면 다른 물체도 그 물체

에 방향은 반대지만 똑같은 크기의 힘을 작용한다. 뉴턴의 힘의 법칙 세 가지 가운데 이 법칙이야말로 '법칙'의 정의에 가장 들어맞는 것이라 할 수 있다. 관성의 법칙이나 가속도의 법칙은 엄밀한 의미에서 법칙이라기보다는 '약속' 또는 '정의'라고 하는 것이 정확한 표현이기 때문이다.

우선 제2법칙인 가속도의 법칙을 보자. 이것은 힘에 대한 정의라고 볼 수 있다. 물체의 운동 상태에 변화가 생기게 하는 것, 그것이 힘이라는 것이다. 힘이 작용하지 않는 경우에 대한 제1법칙은 제2법칙의 특별한 상황이므로 더욱 법칙이라 하기 힘들다. 즉 뉴턴의 세 가지 힘의 법칙 가운데 세 번째인 작용-반작용 법칙은 두 물체 사이에 성립하는 일반적인 법칙으로, 제1법칙과 제2법칙은 제3법칙을 설명하기 위한 일종의 연역적 전제라 할 수 있겠다.

이와 같이 갈릴레이에게서 시작된 역학은 물리 현상을 수학적 방법으로 일반화하려 한 데카르트René Descartes의 연역적 접근 방법으로 그 틀을 마련하고 마침내 뉴턴의 《프린키피아》에서 완성된다. 이제 뉴턴 역학으로 우주의 모든 현상을 이해할 수 있게 된 것이다. 만유인력과 함께 그의 운동 법칙은 고전 역학의 틀을 완성했을 뿐 아니라 아리스토텔레스 체계 이후 2,000여 년 이상 별다른 진전 없이 답보 상태에 빠져 있던 학문 체계 전반에 충격에 가까운 영향을 주었다. 뉴턴 체계는 300여 년이 지난 오늘날에도 여전히 행성의 운동 등 거시 세계에 훌륭하게 적용할 수 있다.

뉴턴의 제1법칙과 제2법칙이 라틴어로 설명된 《프린키피아》의 한 페이지

4. 빛의 굴절과 분산, 스펙트럼을 발견하다

유리 기둥에서 발견한 빛의 성질

뉴턴의 저서 가운데 1704년에 발표한《광학*Opticks*》은 뉴턴 역학 체계를 완성한 최고의 역작이라 평가받는《프린키피아》에 버금가는 책이다. 수학적 방법에 의한 연역적 접근법을 이용한《프린키피아》와 달리 뉴턴은 이 책에서 실험에 기초한 귀납적 접근법을 이용해 빛의 굴절, 분산 등과 색의 성질에 대해 논의했다.

뉴턴의《광학》

뉴턴은 만유인력의 법칙을 발견한 울즈소프 시절부터 광학에 관심이 많아 직접 만든 실험 기구로 빛의 분산이나 굴절률에 대한 실험을 많이 했다. 이때 우연히 얻은 삼각 기둥 모양의 유리 기둥(프리즘)은 그가 빛이 알갱이라고 생각하게 된 결정적 계기였다. 빛을 차단한 공간에서 좁은 구멍을 통해 들어온 빛줄기를 프리즘으로 통과시키자 7가지 빛깔의 띠, 즉 스펙트럼이 반대쪽 벽에 나타났다. 이 현상은 빛이 각도가 다른 프리즘의 면들을 통과하며 각기 다른 각도로 굴절되기 때문에 나타나는 것이다. 뉴턴은 이러한 빛의 성질을 수학적으로 정리함으로써 역학 체계에 이어 빛이나 소리 등 자연의 모든 현상을 과학적 법칙으로 설명할 수 있다는 확신을 얻었다.

광학에 대한 이러한 발견과 관심은 뉴턴식 반사 망원경의 제작으로 이어졌는데, 당시에 일반적이던 굴절 망원경이 빛의 굴절 때문에 일정 배율 이상 확대가 힘들다는 점을 보완한 것이다. 굴절 망원경의 볼록 렌즈 대신 오목 거울을 이용한 그의 망원경은 이전

이때 빛에 대한 뉴턴의 기본적 생각은 빛은 '알갱이'라는 것이었다. 17세기까지 빛에 대해서는 알갱이라는 입자설과 떨림이라는 파동설이 대립해왔다. 그러다가 뉴턴에 의해 입자설이 굳어지는 듯했지만, 100여 년 뒤 T. 영의 실험으로 다시 파동설이 우세해졌다. 20세기 초 아인슈타인이 광전 효과에 대하여 빛의 입자설을 뒷받침하는 광양자설을 발표함으로써 두 이론은 다시 팽팽하게 균형을 이루었지만, 지금은 양자 역학의 발전으로 빛이 두 가지 성질을 모두 가지고 있음이 밝혀졌다.

의 망원경보다 분명한 상을 얻을 수 있었다. 반사 망원경 발명으로 뉴턴은 영국 왕립학회 회원으로 추천되었으며, 이를 계기로 광학에 대한 그의 논문들이 널리 알려져 높은 명성을 얻었다. 이 외에도 뉴턴은 스펙트럼 실험을 역으로 추적해서 백색광은 7개의 단색광이 혼합되어 나타난다는 점을 발견하고 다양한 빛 굴절 실험을 통해 색에 따라 굴절률이 다르다는 점 등을 알아내 광학 영역을 한 단계 끌어올리는 업적을 이루었다.

지금까지 살펴보았듯 뉴턴은 역학 체계를 완성함으로써 우주에 대한 종교적인 관점이 아닌 기계론적 관점을 소개해 근대 과학의 시대를 열었다. 만유인력의 법칙으로 우주의 질서를 파악하고, 힘의 법칙으로 우주의 질서에 근거한 물리학적 현상을, 광학 연구로 빛의 특성을 체계적으로 정리함으로써 과학의 새로운 영역을 개

척한 것이다. 뉴턴을 통해 이 세상의 기본적인 운영 질서가 체계
화된 것을 계기로 이후 과학은 그 보이지 않는 힘, 즉 에너지로 통
칭되는 영역에 대한 탐구로 나아간다.

에디슨에게 넘겨준 발명왕 자리—테슬라

'발명왕' 하면 누구나 에디슨Thomas Alva Edison을 떠올릴 것이다. 하지만 인류 최고의 진정한 발명왕은 잘 알려지지 않은 테슬라Nikola Tesla(1856~1943)라 할 수 있다. 물론 에디슨은 전구를 발명하고 직류 시스템을 상용화해 인류에게 밤을 정복하게 해주었으며, 축음기와 영화 촬영기 그리고 영사기 등 생활에 유용한 것을 수없이 발명했다. 따라서 에디슨에게 발명왕이라는 명예는 당연한 것이라고도 할 수 있다. 하지만 그것은 어디까지나 테슬라라는 천재가 없을 때의 이야기다. (참고로 에디슨이 발명한 최고의 발명품인 전구와 축음기의 대부분은 미국에 있지 않고 우리나라에 있다. 축음기 마니아인 소장자의 열정적인 수집 노력 덕분에 강릉의 경포 인근에 있는 참소리박물관에서 우리는 그 진품을 감상할 수 있다.)

테슬라야말로 진정한 의미에서의 발명왕이다. 발명에 대한 기본적인 마음 자세, 발명을 위한 준비와 그 진행 과정, 그리고 발명 후 특허권 출원과 권리 행사 등에서 그는 발명왕으로서 품위와 권위 그리고 자유로움을 보였다. 2상 교류 방식 발전기, 교류 전압 송신, 다상 교류 시스템, 무선 통신, 고압 전원을 만드는 테슬라 코일, 형광등, 라디오, 리모컨 등 그의 발명은 질과 양에서 타의 추종을 불허한다. 시대를 앞선 천재적인 그의 발명은 오늘날에도 유감없이 그 진가를 발휘하고 있다.

한 사람은 능력이 물론 뛰어났지만 문어발식으로 벌려놓은 뒤 무한의 노력을 쏟아붓는 비효율적인 작업을 통해 발명을 했고, 특허 출원과 자신의 발명을 상업화·사업화하는 데 큰 능력을 보인 현실적인 발명가였다. 다른 한 사람은 순수하게 발명 자체를 즐겼고, 이론적인 연구와 검토를 바탕으로 효율적인 작업을 통해 발명을 쌓아갔으며, 발명의 특허 출원이나 상업화 및 사업화에는 별 관심이 없었다.

두 사람 사이의 전류 전쟁에서 당시에는 에디슨의 직류가 테슬라의 교류를 압도했지만 오늘날의 궁극적인 승자는 효율에서 앞선 테슬라의 교류가 되었다. 이는 우리에게 무엇을 말해주는가? 물론 에디슨과 테슬라를 흑백논리로 판단할 일은 아니다. 에디슨의 위대한 발명과 그의 흥미로운 생애까지 폄하할 필요는 없는 것이다. 다만 반드시 당대에 화려하게 주목받고 인정받아야만 성공한 삶이고 업적을 남겼다고 볼 수는 없다는 점을 기억하자. 역사 그리고 후대는 언제나 진리와 진정성을 볼 줄 아는 눈을 가졌으니까.

제3장

에너지—숨겨진 실체를 드러내다

에너지란 무엇일까. 에너지란 우리말로 '힘'을 이용해 물리적인 일을 할 수 있는 능력을 뜻한다. 하지만 이를 자동차가 동력에 의해 움직이고 열에 의해 물체가 변하는 것과 같이 직접 보고 느낄 수 있는 현상 영역의 것으로만 생각해서는 안 된다. 에너지는 운동에너지로 대표되는 현상적인 면을 넘어 이 세상이 존재하는 근원, 우리가 살아 숨 쉬고 활동하는 근원, 모든 자연의 사물이 존재하는 원리로 이해해야 그 의미를 한층 흥미롭게 이해할 수 있다.

그렇다면 이러한 에너지의 본질은, 또 그 양은 어떻게 측정할 수 있을까. 앞서 보았듯 뉴턴 역학 체계에서 모든 운동의 원인은 힘이다. 즉 물방울이 아래로 떨어지는 이유는 지구에서 작용하는 중력이라는 힘 때문이다. 그러나 에너지의 관점에서 모든 운동은 에너지의 차이에서 시작된다. 물방울이 떨어지는 것은 높은 곳에 있는 물방울이 낮은 곳에 있는 물방울로 그 위치가 바뀌는 것이다. 다시 말하면 물방울의 위치에너지가 높은 곳에서 상대적으로 더 낮은 곳으로 이동하는 것이다.

이런 에너지에는 여러 종류가 있다. 물체의 위치 차이에서 운동이 일어나고 그 운동의 상태——구체적으로 속도——에 따라 물체의 운동에너지가 변하게 된다. 높은 곳에 있던 물방울이 떨어지며 어느 곳을 지날 때 처음의 위치에너지는 줄어드는 반면 0이던 운동에너지는 생성되어 늘어난다. 그래서 바닥에 닿는 순간 위치에너지는 0으로 줄어들지만 운동에너지는 최대로 늘어난다. 즉 처음의 위치에너지 양은 바닥에서 모두 운동에너지로 바뀌지만 그 에너지의 총량은 처음이나 바닥에서나 같다. 이처럼 에너지들 사이에는 어떤 관계가 있다. 그 관계는 물리학의 가장 보편 원리인 보존의 법칙으로, 그 보존 법칙 가운데서도 으뜸이 에너지 보존 법칙이다. 쉽게 예를 들자면 얼음, 물, 수증기는 모두 한 가지 물질이다. 고체, 액체, 기체라는 서로 다른 형태를 띠고 있지만 이들은 모두 우리가 통상 '물'이라 부르는 한 가지 물질이 변형된 상태로, 그 본질은 하나이며 이러한 상태는 모두 에너지 상태를 뜻하는 것이다.

즉 에너지는 자연계의 기본 형태라 할 수 있는데, 그 가운데 이 장에서 처음으로 살펴볼 에너지는 열에너지다. 흔히 에너지 하면 동력, 즉 운동에너지를 떠올리기 쉬운데 그보다 근본적인 에너지는 열에너지다. 지구상에 생명체가 살 수 있는 것은 빛이 있기 때문이며 자연계의 모든 물질은 태양으로부터 받는 열에너지를 기초로 존재한다.

1. 열소인가 운동인가

'열'이라는 말을 우리는 주로 어떻게 사용하고 있을까? 화가 나거나 흥분했을 때 많이 쓰는 '열' 받다, 몸이 아플 때 체온이 올라 발생하는 '열', 식품의 칼로리를 나타내는 '열'량, 무공해 청정의 새로운 에너지원으로 각광받는 태양 '열' 발전 등이 있겠다. 그런데 이렇듯 많이 쓰이는 열에 대한 표현 중에서 열의 한 가지 특징을 짚어낸다면 무엇일까? 온도의 차이? 그럴듯하다. 하지만 식품의 열량이라 하면 흔히 몸에 살이 찌고 움직일 힘을 주는 것이 연상되는데 그것도 다른 경우와 같이 온도의 차이로 쉽게 연결할 수 있겠는가?

이렇게 머릿속이 복잡해지는 질문들로 이야기를 시작하는 것은 운동에너지나 위치에너지 등에 비해 열에너지는 그 정의나 원리 이해가 조금 복잡하기 때문이다. 게다가 이 열에너지는 인류가 지상에 존재하면서 늘 함께해왔음에도 제대로 개념이 정립되거나 체계적인 연구가 행해지지 않은 편이다. 뜨겁다(또는 차갑다)로 연상되는 열은 우리 삶 속에 너무나 가까이 있어서 관심 밖이었는지도 모른다. 산소의 중요성을 인식하지 못하고 사는 것처럼. 아니면 열이란 그저 어떤 객관적 기준이나 절대적 잣대를 적용할 수 없는 막연한 느낌 같아서일지도 모른다.

열에 대해 과학적으로 사고한 본격적인 탐구가 이루어진 것이 겨우 300년 전의 일이니, 그동안 철저히 외면당한 열이 '열 받을' 일이긴 하다. 당시 열에 관심을 기울인 사람은 독일의 수학자이자 과학자 볼프Christian Wolf와 영국의 화학자이자 물리학자 블랙Joseph Black으로, 이들은 열이 실재하는 어떤 물질을 주고받는 것이라 보았다. 그들은 열의 원인으로 이른바 열소설이라는 것을 주장했는데, 질량도 없고 눈에 보이지도 않지만 유체처럼 흐르는 열소라는 물질의 작용으로 열이 발생한다는 것이다. 즉 양손으로 다른 두 사람의 손을 따로따로 동시에 잡았을 때 한 사람에게서는 따뜻함을 다른 사람에게서로 차가움을 느꼈다면, 한 사람에게서 열소가 흘러나와서 다른 사람에게로 흘러나간 것이라는 설명이었다. 지금으로서는 터무니없는 이야기로 들리지만 뉴턴에 의해 운동에너지가 어느 정도 설명된 것 외에 에너지의 실체에 대해 제대로 밝혀진 바가 없던 당시의 과학적 상황을 생각하면 열에 대한 탐구의

시작으로서 수긍되는 이론이다.

비비면 사라지는 열소?

겨울날 추운 줄도 모르고 밖에서 신나게 논 기억이 있을 것이다. 그럴 때 얼어서 감각이 둔해진 손을 모아 호호 불며 비빈 경험이 있는지? 그렇게 손을 맞대고 비비면 언 손이 약간 따뜻해지며 감각이 돌아온다. 그런데 열소설에 따르면 양손을 비비면 한쪽에서는 열소가 나가고 거기서 나간 열소가 다른 쪽 손으로 들어가야 한다. 그래서 열소가 나간 손은 비비기 전보다 더 차가워지고, 열소가 들어온 손은 더 따뜻해져야 한다. 하지만 우리 경험으로는 분명 비빈 두 손이 모두 따뜻해진다. 어떻게 된 것일까? 열소에 어떤 일이 일어난 것인가.

열소설이 신뢰를 얻던 시기에 이러한 의문을 품은 사람이 있다. 영국의 물리학자 럼퍼드Benjamin T. Rumford는 대포의 포신을 깎을 때 열이 발생한다는 사실을 통해, 그리고 영국의 화학자 데이비Humphrey Davy는 얼음 덩어리 둘을 비벼 서로 녹이는 실험을 통해 각각 열소의 존재를 부정함으로써 볼프와 블랙 이후 고정관념처럼 받아들여진 열소설에 반론을 제기했다.

험프리 데이비

그런데 열에 대한 열운동론은 보일Robert Boyle, 훅, 데카르트 등이 럼퍼드 이전에 이미 주장한 이론이다. 그들은 열은 알갱이의 운동 때문에 생기는 것이고, 그래서 금속을 두들기거나 비비면 열이 발생한다고 생각했다. 그러나 프랑스의 화학자 라부아지에An-toine Laurent Lavoisier는 열소를 광소 등과 함께 당시에 알려진

33개 원소 가운데 하나라고 생각했다. 열기관 연구로 유명한 카르노Sadi Carnot 역시 열소설에 근거해 열효율 이론을 전개했다.

제임스 프레스콧 줄

열은 열소의 작용으로 생긴다는 열소설과 알갱이의 운동 때문에 생긴다는 열운동론 사이의 갈등의 골은 메워지지 않은 채 깊어만 갔다. 1840년대에 마침내 마이어Julius Robert von Mayer가 열의 일당량에 대해 논하고 줄James Prescott Joule이 그것을 측정해내, 열과 일이 같다는 것을 보임으로써 열의 실체에 대한 문제는 일단락되었다. 열이 역학적 에너지와 밀접한 관계에 있음을 밝혀냄으로써 약 2세기에 걸친 열소설의 시대가 막을 내린 것이다.

이제 열은 물질이 아니라 역학적 일과 관련된 에너지의 한 형태임이 밝혀졌다. 그렇다면 이러한 에너지는 구체적으로 무엇이며 어떠한 원리에 의해 운동하는 것일까?

열의 일당량은 일의 열당량이라고도 하는데, 역학적인 일과 열에너지의 상관관계를 나타낸다. 1cal는 4.2J의 일을 할 수 있다.

하지만 열소설의 흔적은 아직도 남아 있다. 물리량을 나타내는 단위의 체계성과 단일성을 자랑하는 물리학계에서 유독 열소설과 연관된 칼로리cal와 열운동론과 관련된 줄J 또는 에르그erg를 열의 단위로 오늘날까지 함께 쓰고 있으니 말이다.

열과 온도의 차이는 무엇일까

물체의 온도를 높이거나 상태 변화를 가져오는 것은 열이다. 그래서 열과 온도는 떼려야 뗄 수 없는 밀접한 관계에 있다. 1칼로리는 14.5도의 순수한 물 1그램을 15.5도로 1도만큼 올리는 데 필요한 열량이라고 정의된다. 열량이 많을수록 물체의 온도를 더 높일 수 있다. 같은 조건에서 온도가 높은 물체는 온도가 낮은 물체보다 더 많은 열량을 가진다.

하지만 온도가 높은 물체가 반드시 열량이 높다고 단정적으로 생각해서는 안 된다. 뜨거운 여름날 푸른 바다 앞에 설 때를 떠올려보자. 찌는 듯한 더운 날씨에 끝없이 펼쳐진 푸른 바다를 바라

현재 우리가 쓰는 온도 계측 체계는 섭씨 체계이고 미국 등에서는 화씨 체계를 사용한다. 섭씨는 물이 어는 온도를 0으로, 물이 끓는 온도를 100으로 정해 그 사이를 100등분하여 나타내는 단위 기준으로, 단위는 ℃를 쓴다. 한편 화씨는 물이 어는 온도를 32로, 물이 끓는 온도를 212로 정해 그 사이를 180등분하여 나타내는 단위 기준으로, ℉로 표시한다.

보며 우리는 가슴속까지 시원해지는 느낌을 받는다. 동해를 보는 순간 쪽빛같이 푸른 바다의 빛깔과 탁 트인 시야로 우리의 눈은 일차적인 시원함을 느끼고, 이어 바다에 첨벙 뛰어들면 온몸으로 이차적인 시원함을 느끼며 완전히 바다에 동화된다.

여기서 시원함을 느꼈다는 것은 우리가 바다에 열량을 주었다는 뜻이다. 그리고 열은 항상 온도가 높은 곳에서 낮은 곳으로 옮아가므로, 바다에 몸을 담근 내가 시원함을 느꼈다는 것은 나의 체온이 바닷물의 수온보다 높다는 것을 의미한다. 그러나 동해 바닷물의 열량이 내 몸의 열량보다 낮을까. 그렇지 않다. 동해 바닷물은 어마어마한 양의 열을 갖고 있다. 그러나 그 수온이 내 체온보다 낮기 때문에 내 몸에서 바닷물로 열이 옮아간 것이고 그를 통해 나는 통쾌한 시원함을 느낀다. 그렇다면 열과 온도에는 어떤 차이가 있는 것이 틀림없다.

열과 온도의 가장 중요한 차이는 무엇일까? 그것은 같은 열량을 가진 두 물체를 합치면 그 열량이 두 배가 되지만, 같은 온도의 두 물체를 합쳐도 온도는 그대로라는 점이다. 컵 A와 B에 각각 열량이 100칼로리이고 온도가 50도인 물이 담겨 있다고 하자. 두 컵에 든 물을 합치면 열량과 온도는 각각 얼마가 될까? 어렵게 계산하지 않아도 열량은 200칼로리로 두 배가 되지만 온도는 50도 그대로임을 유추할 수 있을 것이다. 이처럼 열량은 몇 개를 합치느냐에 따라 늘어나는 크기의(크기가 바뀌면 양도 바뀌는) 성질을 지닌 물리량인 반면, 온도는 개수와는 무관한 세기의(크기가 바뀌어도 무관하게 일정한) 성질을 지닌 물리량이다.

주위에서 외떨어진 두 물체가 서로 열적으로 충분한 시간 동안 닿아 열적 비김(평형)을 이루었다면 이때 두 물체의 온도는 같다. 물체 A와 B가 서로 열적 비김에 있고 물체 A와 C가 열적 비김에 있다면, 물체 B와 C도 서로 열적 비김에 있다고 할 수 있다. 이들 세 물체 모두는 서로 열적 비김에 있고 또한 모두 같은 온도를 나타낸다.

운동에너지＋위치에너지＝열에너지?

이처럼 크기에 따라 양이 바뀌는 열의 형태를 취한 에너지는 어떤 원리로 작용할까? 앞에서 말했듯 열소설과 열운동론 사이의 갈등은 열운동론의 승리로 정리되었다. 열은 일과 같으며 그것은 역학적 에너지로 환산된다고 했는데, 이러한 설명에서 알 수 있듯 열에너지란 물체를 이루는 원자와 분자의 운동에너지와 위치에너지를 모두 더한 양을 말한다. 어떤 물체 또는 대상의 온도가 변하는 것은 그 물체를 구성하는 원자와 분자가 움직임으로써 일어나는 변화이지 않은가. 이러한 열에너지는 온도나 형태(기체, 액체, 고체)를 변화시키는데, 그 변화는 마찰이나 압축 등의 역학적 일이나 화학적 변화, 전자기작용 등에 의해 일어난다. 이러한 열에너지의 원리를 좀 더 쉽게 이해하려면 위치에너지와 운동에너지를 먼저 이해해야 한다.

2. 에너지 총량은 변하지 않는다, 다만 모습이 바뀔 뿐

물리학적으로 일은 물체에 작용한 힘에 그 힘이 작용한 방향으로 물체가 옮아간 거리를 곱한 것이다. 그래서 일을 생각하면 먼저 힘이 떠오르고 그 힘을 어떻게 쓰는가가 떠오른다. 힘이 아무리 커도 그것을 쓰지 않으면 소용없고, 힘을 쓴다 해도 제대로 쓰지 못하면 그 또한 소용이 없다.

두 사람이 하나의 물체에 서로 반대 방향으로 같은 힘을 가한다면 그 물체는 조금도 움직이지 않는다. 물체의 운동이 없으니 두 사람은 아무 일도 하지 않은 것이 된다. 힘은 썼지만 결과인 일이 없으니 힘을 쓰지 않은 것만 못하다 싶다. 반대로 두 사람이 같은 방향으로 힘을 가한다면 혼자일 때보다 두 배의 힘이 작용하여 두 배의 일을 한 것이 된다.

하지만 겉으로 나타난 것과 달리 사실상 두 일에 사용된 에너지의 총량은 같다. 왜 그럴까? 그 원리는 역학적 에너지의 성질과 관련이 있다. 지금부터 운동에너지와 위치에너지를 기초로 하는 일과 역학적 에너지의 관계를 살펴보겠다.

일과 역학적 에너지

에너지란 일을 할 수 있는 능력을 말한다. 역학적 에너지는 말 그대로 역학적으로 일을 할 수 있는 에너지를 뜻한다. 달리 말해 힘에 관련된 에너지다. 힘을 작용하면 물체에 가속도가 생기고 그러면 속도가 증가해 물체는 더 빨리 운동하므로 물체에는 그 속도

차만큼 운동에너지가 증가한다. 한편 힘을 작용해 물체를 위로 올리면 물체의 위치가 높아지고 높이 차에 의해 물체의 위치에너지가 증가한다.

이와 같이 역학적 에너지는 힘과 관련된 에너지로 어느 때는 운동에너지로만, 또 어느 때는 위치에너지로만 나타나기도 한다. 하지만 일반적으로 운동에너지와 위치에너지는 항상 서로 섞인 채 함께 나타나는데, 중요한 사실은 그들을 합한 에너지의 총량은 항상 변하지 않는다는 것이다. 즉 에너지가 어떤 모습이든 그들을 합한 양은 일정하다. 이것을 가리켜 역학적 에너지 보존 법칙이라 한다.

역학적 에너지 보존 법칙은 에너지 보존 법칙을 역학 체계 안으로 제한한 용어인데, 에너지의 실체가 제대로 탐구되지 않은 19세기 초반까지 확고히 자리를 잡은 이론이다. 이후 학자들은 역학적 에너지뿐만 아니라 모든 에너지의 총량이 변하지 않는다는 에너지 보존 법칙을 밝혀냈으며, 이는 물리학에서 가장 기본적인 법칙이 되었다. 모든 자연 현상은 에너지 보존 법칙의 틀 안에서 일어나며 우주 영역의 모든 일은 에너지 보존 법칙으로 설명할 수 있다.

그러면 운동에너지와 위치에너지는 어떻게 일과 관련될까? 운동에너지는 물체의 질량에 물체의 운동 속도의 제곱을 곱한 것이다. 속도 외의 다른 조건은 모두 같은 두 대의 자동차가 똑같은 조건의 직선 도로를 나란히 달린다고 하자. 두 차가 같은 곳을 지나는 순간 같은 힘으로 동시에 두 차를 모두 정지시키면 속도가 다른 두 자동차는 서로 다른 제동 거리를 달린 뒤 정지할 것이다. 이를 영상으로 찍어 거꾸로 돌리면, 정지된 자동차가 힘을 받아 각각의 제동 거리만큼 이동한 뒤 같은 곳에서 그들의 처음 속도에 이른다. 여기서 정지시킬 때의 힘에다 제동 거리를 곱한 것이 그 차에 해준 일이 되고, 그 일은 자동차의 운동에너지가 됨을 확인할 수 있다.

위치에너지는 어떨까? 위치에너지는 물체의 질량에 높이 차이와 중력 가속도를 곱한 것이다. 예를 들어 지면에서 높이 h인 곳에 정지해 있는 물체가 가만히 떨어져 지면에 닿았다고 하자. 이것을 찍은 영상을 거꾸로 돌리면 지면에 있는 물체를 중력의 힘으로 높이 h만큼 가만히 옮겨서 한 일은 원래 위치에서 그 물체가 가진 위치에너지가 됨을 알 수 있다.

그렇다면 이런 역학적 에너지의 두 종류인 운동에너지와 위치에너지는 어떤 관계가 있을까? 앞서 예로 든 떨어지는 물체를 다시 생각해보면, 지면에서 높이가 h인 곳에 정지해 있는 물체의 총에너지는 위치에너지뿐이다. 이제 물체를 가만히 떨어뜨리면 높이 값 h가 점점 작아짐에 따라 그 물체의 낙하 속도는 점점 커진다. 임의의 높이 h′에서 그 물체의 총에너지는 떨어지기 전보다 줄어든 위치에너지와 떨어지며 늘어난 운동에너지의 합이다. 떨어지는 물체가 지면에 닿기 직전의 위치에너지는 높이가 0이므로 그 값 또한 0이 되지만 그때 물체의 속도는 최댓값에 이르기 때문에 운동에너지 또한 최댓값이 되어 결국 총에너지는 같아진다.

이것을 등식으로 정리하면 다음과 같다.

낙하 직전 높이 h에서의 총에너지(=위치에너지)

=낙하 중 임의의 높이 h′에서의 총에너지(=위치에너지 일부+운
  동에너지 일부)

=지면에 닿기 직전(h=0)에서의 총에너지(=운동에너지)

이처럼 위치에너지에서 운동에너지로 모습이 바뀌어도 에너지 총량은 불변한다. 같은 방법으로, 이 사건을 찍은 영상을 거꾸로 돌리면 다음 등식이 나온다.

지면에서 올라가는 순간(h=0)의 총에너지(=운동에너지)

=상승 중 임의의 높이 h′에서의 총에너지(=운동에너지 일부+위
  치에너지 일부)

=최고 높이 h에서의 총에너지(=위치에너지)

이번에는 운동에너지에서 위치에너지로 모습이 바뀌지만 여전히 에너지 총량은 불변한다.

에너지 보존 법칙의 발견과 확립

물리학의 기본 법칙이라 할 수 있는 에너지 보존 법칙은 누구에 의해 발견되어 확고한 법칙으로 자리를 잡았을까? 앞서 이야기했듯 19세기 초반에는 역학적 에너지 보존 법칙이 확립되어 있었다. 그런데 당시 독일의 과학자 마이어와 헬름홀츠Hermann von Helmholtz는 각각 독립적으로 생명체가 몸에서 음식의 화학에너

지를 역학적 에너지로 변환한다고 주장했다. 즉 독립된 에너지로 여겨지던 역학적 에너지가 다른 형태의 에너지와 연결되어 있다고 주장한 것이다. 의사였던 마이어의 주장은 사람이 음식을 먹으면 음식물이 소화를 거쳐 열에너지를 만들어내고, 이것이 역학적 에너지로 변해 우리 몸을 움직인다는 것이었다. 헬름홀츠의 주장도 이와 비슷한 논리였다. 그들은 이 사실을 통해 각각의 에너지는 서로 변환이 가능하며 이 에너지는 보존된다고 주장했지만 과학적인 근거가 모자라 큰 호응을 얻지 못했다. 그러다가 1850년에 영국의 줄이 실험을 통해 전류의 발열 현상과 역학적 에너지가 열에너지로 변환되는 과정을 보여주었다. 마이어와 헬름홀츠와는 달리 과학적 근거를 제시함으로써 신뢰를 얻은 줄은 전기에너지와 열에너지의 모습을 구체화함으로써 에너지의 모습을 다양화했고, 그들 사이의 변환 과정을 통해 에너지 보존 법칙의 영역을 확장함과 동시에 그 타당성을 확고히 했다.

율리우스 로타르 마이어

헤르만 헬름홀츠

이로써 19세기 중엽에 이르러 에너지 보존 법칙이 확립되었다. 에너지 보존 법칙은 질량 보존 법칙, 운동량 보존 법칙, 각운동량 보존 법칙 등과 함께 물리학계에서 자연의 새로운 원리를 밝히는 데 유용하게 쓰이고 있다.

변신의 귀재, 에너지

이제 에너지들이 어떻게 변신하는지 살펴보자. 소양강 댐의 수력 발전을 예로 보자. 고낙차 수력 발전으로 유명한 소양강 댐에서는 댐에 갇힌 물을 90미터의 큰 낙차로 떨어뜨림으로써 물의 위치에너지를 운동에너지로, 다시 운동에너지를 도선이 여러 번 감긴 코일과 자석으로 만들어진 발전기를 이용해 전기에너지로 바꾼다. 이렇게 만들어진 전기는 송전선을 통과할 때 상당한 에너지를 열에너지로 자연에 돌려주며 가정에 이른다. 또한 가정에서 전기에너지는 필요에 따라 에너지 변환 도구, 즉 여러 가지 가전제품을 통해 빛에너지, 소리에너지, 열에너지 등으로 모습이 바뀌며 유용하게 사용된다.

예를 하나 더 들어보자. 휘발유로 움직이는 자동차는 엔진에서 휘발유의 화학에너지가 열에너지로 바뀐다. 열에너지는 다시 기계적인 운동에너지로 바뀌고, 다시 동력 전달 장치를 통해 바퀴축의 운동에너지로, 조명 장치를 통해 빛에너지로, 음향 장치를 통해 소리에너지 등으로 형태가 바뀌어 이용된다. 물론 엔진에서 열에너지가 모두 운동에너지로 변환되는 것은 아니기 때문에 엔진 자체에 얼마간 열에너지가 남게 되므로 뜨거워진 엔진을 냉각 장치로 식혀주어야 한다.

이처럼 한 모습에서 다른 모습으로 에너지를 바꾸는 과정은 저절로 일어나는 것이 아니기 때문에 적절한 에너지 변환 장치가 필요하다. 백열전구를 생각해보자. 어둠을 밝히는 백열전구는 전기에너지를 빛에너지로 바꾸는 에너지 변환 장치다. 생각해보라. 백열전구가 없는 칠흑 같은 밤을. 태초부터 인류는 어둠을 물리치는 수많은 장치를 창안해왔지만 에디슨에 의해 백열전구가 발명됨으로써 비로소 진정한 의미로 밤을 밝힌다는 것이 가능해졌다. 비록 에너지 효율은 낮지만(백열전구 효율은 5퍼센트, 형광등은 20퍼

센트) 에너지 변환 장치의 태두로서 오늘도 백열전구는 밤을 밝히고 있다.

　이렇듯 에너지는 다양한 형태로 변하며 우리의 삶을 효율적으로 만든다. 특히 기계 에너지의 대부분은 열에너지를 이용한 열기관이다. 보일러, 가솔린 기관, 원자력 엔진 등 일상에서 쓰이는 에너지 기관은 거의 열기관에 속한다. 이렇듯 '일'과 근본적으로 연결된 열에너지는 어떤 원리에 따라 움직이며 우리는 열에너지로 어떠한 일들을 할 수 있을까? 이를 이해하기 위해서는 엔트로피 entrophy라는 새로운 물리량과 열역학의 법칙들을 알아야 한다.

3. 엔트로피—무질서의 대왕

구겨서 던져버린 종이는 스스로 원래 모습으로 돌아갈 수 없다. 탁자에서 떨어져 깨진 컵이 저절로 원래 상태로 돌아가 탁자 위로 올라가는 일은 없다. 그릇에 커피와 설탕, 커피크림을 넣고 시계 방향으로 저은 뒤 이것을 시계반대방향으로 저어준다고 해서 커피, 설탕, 커피크림이 다시 분리되지는 않는다.

온도가 서로 다른 물체를 붙여둔다고 해서 온도가 높은 물체의 온도는 더 올라가고, 온도가 낮은 물체의 온도는 더 내려가는 일은 생기지 않는다. 그런 일이 일어난다고 해서 에너지 보존 법칙에 위배되는 것이 아닌데도 말이다. 그 대신 두 물체는 비슷한 온도가 된다. 왜 이런 일이 생길까?

무질서에서 법칙을 끌어내다
자연 현상에서 모든 일이 한 방향으로만 진행되는 원리를 밝히고자 한 과학자들이 있었다. 스코틀랜드의 수학자이자 물리학자인 톰슨William Thomson은 열 흐름의 방향성을 열역학 제2법칙으로 정리했다. 이는 주위로 퍼져버린 열이 저절로 다시 모

이는 일은 없으며, 열은 항상 높은 온도에서 낮은 온도로 이동하고 일은 전부 열로 바뀔 수 있지만 열은 일로 모두 바뀔 수 없다는 등의 내용을 골자로 한다. 물리적인 정의나 수학적 전개에 의한 설명이 아닌 불완전하고 현상론적인 법칙이었다.

윌리엄 톰슨

이에 불만을 느낀 독일의 수리물리학자 클라우지우스Rudolf Clausius는 한층 완전하고 수학적인 표현을 찾기 위한 노력 끝에 엔트로피라는 개념을 창안했다. 엔트로피란 물질의 내적 상태만으로 정해지는 물리량으로 어떤 물질이 가지는 무질서의 정도를 나타낸다. 클라우지우스는 자연 현상이 항상 엔트로피가 증가하는 방향으로 일어난다고 설명했다. 현상론적인 톰슨의 설명에 비해 엔트로피를 수학적으로 정의한 클라우지우스의 논리는 완성도가 높았다. 하지만 클라우지우스를 비롯한 당시의 과학자들은 여러 개체로 이루어진 계에 대한 이해가 부족해 엔트로피에 대한 수학적 정의 이상의 단계로는 나아가지 못했다.

루트비히 볼츠만

그러던 중 기체 분자의 운동에 관한 맥스웰James C. Maxwell의 연구를 취합해 수많은 분자의 운동을 이해한 볼츠만Ludwig Boltzmann은 마침내 생물체나 지구 등 주어진 계 내에서의 엔트로피를 수학적 확률로 표현해냈다. 드디어 통계적·확률론적 의미를 가지는 엔트로피 개념을 통해 열역학 제2법칙을 표현할 수 있게 된 것이다. 계의 상태에 대한 엔트로피는 확률적 의미와 함께 그 계에 대한 정보를 주는 것으로서, 열적으로 외떨어진 계에서는 변화가 항상 엔트로피가 증가하는 방향으로 일어난다. 그리고 엔트로피가 최댓값에 이를 때 계는 열적 비김 상태에 이르게 된다.

열역학 법칙에 대해서는 바로 뒤에서 자세히 다룰 것이다. 그중 제2법칙은 열역학 운동의 진행 방향에 대한 것으로, 계의 상태를 나타내는 개념인 엔트로피를 통해 설명된다. 따라서 열역학 제2법칙은 엔트로피 증가 법칙이라 부른다.

상태 수와 엔트로피

엔트로피를 어떻게 수학적으로 표현할 수 있을까? 간단히 말하면 엔트로피는 주어진 상태 수를 자연로그 취한 것에 비례한다. 조금 어렵게 느껴지는가. 용어를 설명하면 이해하기가 쉬울 것이다. 먼저 자연로그란 헤아릴 수 없을 만큼 많은 수를 계산할 때 쓰는 도구다. 엔트로피가 계에 대한 일반적인 설명 내지 법칙이 되려면 계 전체를 표현해야 하는데, 계는 무수한 알갱이들로 구성되어 있다. 따라서 엔트로피를 수식적으로 표현하려면 계 내의 상태 수를 자연로그 취해야 하고, 그러면 그 값이 무질서의 정도를 나타내는 물리량인 엔트로피와 비례관계가 된다는 원리다. 즉 계에 허용된 상태 수가 많을수록 그 계의 엔트로피는 큰 값을 가진다. 만약 단 하나의 상태만 있는 계라면 그 계의 엔트로피는 0이다. 그러다가 그 계에 에너지가 공급되어 상태 수가 늘어나면 엔트로피도 증가할 것이다.

앞에서 온도가 다른 물체를 붙여두는 예를 들었는데, 이를 상태 수로 설명하면 다음과 같다. 두 물체의 온도가 같아지는 것이 두 물체로 이루어진 계의 상태 수가 최대로 증가하는 경우이므로 그런 일이 일어난다고 말이다. 다시 말해 높은 온도의 물체는 온도가 높아지고 낮은 온도의 물체는 온도가 낮아지는 경우 그 계의 상태 수는 최댓값이 되지 않는다. 물론 온도가 높아진 물체의 상태 수는 커지겠지만 온도가 낮아진 물체는 상태 수가 감소함으로써 그 두 값의 곱인 계의 상태 수는 최댓값이 되지 못한다.

계의 상태 수란 그 계가 보여줄 수 있는 얼굴의 수라고 할 수 있다. 이를 비유적으로 생각해보면 재미있는데, 뛰어난 연기자는 극중 인물에 몰입해 마치 자신이 그 인물인 것처럼 열연을 펼친다. 그러나 그도 신인일 때는 서툴고 연기가 어색했을 것이다. 즉 노력을 통해 자신의 상태 수, 자신이 보여줄 수 있는 가능성을 다양하게 확장한 것이다.

4. 열역학의 세계—자연계의 에너지 흐름을 설명하다

뉴턴 역학 체계를 통해 인간은 자연의 참모습을 상당 부분 이해하게 되었다. 힘의 법칙에 따라 물체에 힘이 주어질 때의 가속도를 구할 수 있고, 그 가속도를 시간에 따라 적분함으로써 속도를 구할 수 있다. 다시 한번 시간에 따라 속도를 적분하면 물체의 위치를 알게 된다. 이렇게 물체의 운동에 대한 모든 정보를 알게 되면서 그 물체의 미래도 완전히 예측할 수 있게 되었다. 이를테면 속도에서 운동에너지를, 위치에서 위치에너지를 알게 되므로 에너지 보존 법칙을 적용할 수 있고, 더불어 운동량 보존 법칙도 적용할 수 있으므로 그 물체의 운동 상태를 예측하는 데 아무런 문제가 없다. 이것이 뉴턴의 결정론적 역학 세계다.

하지만 한두 물체가 아니라 아보가드로 숫자만큼이나 많은 물체의 운동을 설명하는 데 뉴턴 역학은 한계가 있다. 그 많은 수의 힘에 대한 방정식을 만들 수도 없을뿐더러 만들었다 해도 그것을 풀어낼 방법이 없기 때문이다.

계는 수많은 원자나 분자 들로 이루어져 있는데, 개개의 원자나 분자의 운동에 따라 그 계는 온도, 부피, 압력 등을 나타낸다. 학교나 집 등 여러분이 생활하는 실내는 공기를 이루는 수많은 산소나 질소 분자들로 꽉 차 있다. 이들은 지금도 맹렬한 속도로 서로 부딪치며 운동하고 있다. 그 개개의 운동을 뉴턴 체계로 다루는 것은 불가능하기 때문에 계의 상태를 나타내는 새로운 변수로 온도, 부피, 엔트로피 등을 도입해 계를 이해해야 하는 것이다. 일과

아보가드로의 가설에서 계산된 숫자로 22.4리터라는 덩어리(혹은 계)에 들어갈 수 있는 분자의 알갱이 수를 아보가드로의 수라고 한다. 아보가드로의 수는 6.02×10^{23}개다.

열에너지, 온도 그리고 엔트로피의 물리량들에서 도출된 법칙은 에너지의 기본적 원리를 모두 설명해준다. 이를 열역학 법칙이라 하는데, 열과 일의 관계를 다루는 학문 분야인 열역학은 열 현상을 포함해 자연계의 에너지 흐름을 모두 설명해준다.

열역학의 법칙들

열역학 법칙에는 네 가지가 있는데 그중 우리가 알아야 할 것은 세 가지다. 온도의 정의에 대한 제0법칙, 에너지 보존에 대한 제1 법칙, 엔트로피 증가에 대한 제2법칙이 그것이다. 20세기 초반에 확립된 제3법칙은 다른 법칙들과 달리 실생활과 밀접한 관련이 없어 여기서는 생략하기로 한다.

먼저 제0법칙은 온도에 대한 것이다. 물체 A와 물체 B가 열적 비김을 이루고 물체 A와 물체 C가 열적 비김을 이룬다면 이들 물체의 무엇인가가 서로 같다고 할 수 있는데 그것이 바로 그 물체의 온도다. 다시 말해 두 물체가 열적으로 비김을 이룬다면 두 물체의 온도는 서로 같다.

제1법칙은 열기관을 통해 알아볼 수 있다. 외부의 열원에서 열에너지를 공급받아 외부로 일을 해주는 열기관은 열에너지를 모두 일로 바꿀 수는 없다. 하지만 일로 바뀌지 못한 열에너지는 어딘가로 사라지는 것이 아니라 열기관에 남아 기관의 온도를 높인다. 즉 열기관에 공급된 열에너지는 일로 바뀐 열에너지와 기관에 남은 열에너지의 합으로 그 에너지의 총량은 일정하게 보존된다.

마지막으로 제2법칙은 열역학 운동의 진행 방향에 대한 것이다.

이는 에너지 보존 법칙에 위배되지 않지만 결코 일어나지 않는 현상을 설명하는 데 유용하다. 물리적으로 외떨어진 계의 상태는 계의 무질서한 정도를 나타내는 엔트로피가 항상 증가하는 쪽으로 진행된다. 앞에서도 이야기한 커피믹스라는 계를 생각해보자. 커피와 설탕 그리고 커피크림을 섞어놓은 커피믹스는 아무리 기다려도 저절로 커피, 설탕, 커피크림으로 각각 분리되어 섞기 전의 상태로 존재할 수 없다. 또한 포말을 일으키며 해변에 밀려와 백사장에서 부서지는 파도는 아무리 기다려도 다시 파도로 돌아가지 않는다. 접촉사고로 찌그러진 차의 몸체도 시간을 거슬러 사고 이전의 모습으로 자연히 돌아가지 않는다. 이렇듯 현실 속에서 되짚기 과정은 일어나지 않는다. 엔트로피 증가 법칙인 제2법칙에 위배되기 때문이다.

열기관의 가장 이상적인 꿈은 에너지의 손실 없이 영구적으로 일을 할 수 있는 기관, 즉 영구기관이다. 하지만 이는 열역학 법칙에 따르면 불가능하다. 기관이 일을 한다는 것은 자체의 에너지를 다른 물체의 일로 공급한다는 것이다. 이때 빠져나간 일 에너지를 회수해야 에너지가 보존되어 영구적으로 일을 할 수 있는데, 자연 상태에서 기관이 행한 일 에너지가 기관으로 다시 돌아가는 것은 엔트로피가 줄어드는 것과 같다. 따라서 영구기관은 이론상 존재할 수 없다.

이렇듯 세상이 원활하게 돌아가는 데 필수적인 일과 에너지의 관계를 둘러싸고 물리학의 세계는 체계적으로 이론을 발전시켰다. 열역학 법칙의 정립으로 이제 우리는 에너지를 효율적으로 사

용할 수 있게 되었지만, 영구기관이 불가능한 이상 에너지원에 대한 관심은 날로 중요해지고 있다. 현대 사회에는 더 많은 에너지가 필요하고 인구도 점점 늘고 있지만 에너지는 한정되어 있기 때문이다. 요즘 욱일승천하는 중국이 왜 에너지 외교에 총력을 기울이겠는가? 세계의 공장인 중국이 13억 인구의 국가라는 계를 원활히 돌려 발전하려면 그 에너지원인 석유, 천연가스, 우라늄 등의 에너지 자원이 필수적이다. 물론 그 에너지원을 더욱 효율적으

로 사용하기 위한 기술 발전도 중요하다. 이렇듯 에너지 자원 확보와 기술적 진보라는 두 과제가 현재 각국의 과제인 만큼, 반도체와 더불어 한국 수출의 양대 축인 자동차 공업 분야에서 친환경적이면서도 고효율적인 열기관을 개발하는 일은 세계 시장에서 살아남기 위한 선택이 아닌 필수 조건이다.

고온 초전도체—실용화의 꿈

초전도체는 1911년 네덜란드의 온네스Kameringh Onnes에 의해 처음으로 발견되었다. 그는 수은이 절대 온도 4.2K에서 전기 저항이 갑자기 없어지는 현상을 발견하고 초전도 현상이라 이름 붙였다. 보통 도체는 온도가 높아지면 전기 저항이 증가해 전기가 잘 흐르지 않는 반면 온도가 낮아지면 저항이 작아져 전기가 잘 흐른다. 온도를 더욱 낮춰 극저온이 되면 전기 저항이 0에 가까워지는 초전도 현상이 일어난다.

초전도 현상이 일어나기 시작하는 온도를 임계 온도라고 한다. 1986년 30K의 초전도체가 개발되어 그 이전까지의 최고 온도인 23K 기록을 경신하며 30K의 벽을 깨뜨렸지만 여전히 매우 낮은 온도이므로 실용화할 수 없었다. 액체 질소의 온도인 77K보다 낮기 때문에 극저온을 유지하는 데 액체 헬륨을 사용하여 실험할 수밖에 없어 비용이 많이 들기 때문이었다.

1911년 온네스에 의해 수은의 초전도성이 발견된 이래 니오브, 바나듐 등의 홑원소 물질로 20여 종의 금속 원소가 초전도체로 개발되고, 1973년 니오브와 게르마늄의 합금으로 만든 초전도체가 개발되어 23K까지 온도를 높이는 데 60여 년이 걸렸지만 고온 초전도체 개발의 장정은 여전히 멀고도 멀기만 했다.

1986년, 베드노르츠Georg Bednortz와 뮐러Alexander Müller에 의해 불가능해 보였던 30K의 벽이 깨지자 한동안 잊힌 고온 초전도체 개발에 대한 관심이 일기 시작했다. 그들이 새로 발견한 물질은 금속이 아닌 산화물 재료인 세라믹스였다.

그리고 채 일 년도 되지 않은 1987년, 타이완계 미국 물리학자 추Paul Chu와 우Maw-Kuen Wu가 협동으로 90K 초전도체를 만드는 데 성공했다고 발표하자 미국을 비롯한 전 세계 물리학계는 흥분에 휩싸였다. 이후 세계 곳곳에서 고온 초전도체 개발에 잇달아 성공함으로써 130K 정도의 초전도체와 250K의 초전도체 박막(기계 가공으로는 불가능한 엷은 막)이 개발되기에 이르렀지만 상온에서 초전도성을 가진 물질 개발은 아직도 멀기만 하다.

고온 초전도체 개발이 실현되어 실용화된다면 전기·전자 분야에 일대 혁명이 일어날 것이다. 초전도체는 전기적으로 저항이 없을 뿐만 아니라 자기적으로 그 내부에 자기마당이 없는 완전 반자성을 가진다. 이러한 특성을 가진 초전도체로 전선을 만들면 전력 손실을 줄일 수 있어 막대한 경제적 이득을 얻을 수 있고 초전도 MRI나 초전도 자기부상 열차 등에 응용할 수 있다.

제4장 전자기학—자연에서 대칭을 보다

　　자연 철학에 가까웠던 물리학이 자연 과학의 중심 학문으로 자리매김할 수 있었던 것은 17세기 뉴턴에 의해 완성된 역학 체계와 19세기 맥스웰에 의해 완성된 전자기학 체계 때문이었다. 이른바 고전 물리학이라고 불리는 물리학의 고전적 학문 체계가 완성된 것이다. 지금까지 뉴턴의 역학 체계 및 그와 관련된 열역학의 세계를 설명했는데, 이 장에서는 물리학의 또 다른 체계인 전자기학을 살펴보겠다.

1. 전기와 자기에서 전자기로—고전 물리학의 세계가 완성되다

　　20세기 이전의 물리학을 칭하는 고전 물리학은 뉴턴 역학과 전자기학이 중심축을 이룬다. 뉴턴의 역학은 천체 문제를 해결했을 뿐만 아니라 열기관의 시대를 열어 산업혁명의 기틀을 마련할 정도로 사회 곳곳에 큰 영향력을 행사했다. 한편 전기학과 자기학은 뉴턴 역학보다 오래전부터 인류의 관심을 받아 독립적으로 발전했다. 전기학의 시작은 고대 그리스의 탈레스Thales로 거슬러 올라간다. 탈레스 이전에도 번개 현상이나 물체를 마찰했을 때의 현상을 관찰한 결과로 전기에 대해 알고는 있었지만 학문적으로 접근한 사람은 탈레스가 처음이다. 그는 호박(琥珀)을 털가죽에 문지른 뒤 나타나는 현상을 전기라는 용어로 정의했다. 털가죽과 마찰한 호박이 깃털같이 가벼운 물체들을 끌어당긴 것이다. 영어로 전기를 뜻하는 electricity의 어원은 바로 그리스어로 호박을 뜻하는 elektron이다. 이후 16세기에 이르러 자기학의 아버지로 불리는 길버트William Gilbert가 자기 현상과 함께 전기에 대해 다루면서 전기학은 본격적으로 다루어지기 시작했다.

자기학은 고대 중국에서 발명된 자석에서 출발하는데, 본격적인 학문의 영역을 구축한 것은 중국의 자석이 아랍을 통해 유럽에 전달된 13세기 경이다. 당시 중국인들은 항해에서 방향을 찾는 데도 자석을 이용했는데 이것이 아랍 상인들에게 전해지고 다시 유럽 선원들에게도 알려진 것이다. 이후 길버트는 〈자석에 관하여De Magnete〉라는 논문에서 자석에 관한 지식을 정리해 자기에 대한 이

마찰하면 전기가 생기는 호박. 송진이 화석화된 호박 안에는 종종 곤충이 발견된다.

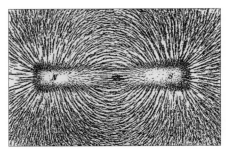

철가루로 확인할 수 있는 자석의 자기마당

론적 체계를 세웠다. 그는 지구 자체가 하나의 자석이라고 보았으며, 자기력을 살아 있는 영혼과 유사하게 해석했다.

이렇듯 독립된 영역으로서 발전해온 전기학과 자기학은 앙페르, 패러데이, 맥스웰 등의 연구를 통해 19세기에 이르러 하나의 학문 체계인 전자기학으로 통합되었다. 물리학에서는 19세기 말에 이르러서야 역학과 전자기학을 통해 우주의 질서와 자연의 진리를 파악하고 이해할 수 있게 된 것이다.

뉴턴의 역학 체계는 힘을 통해 물리 현상을 설명하는데, 물체와 물체 사이에 작용하는 힘은 물체의 질량과 물체 사이의 거리에 달려 있다. 이에 반해 전자기학에서는 전하량electric charge 또는 자하량magnetic charge이라는 새로운 물리량이 물리 현상을 설명하는 근원이다. 역학에서 질량은 하나의 성질로 항상 끄는 힘만 작용하지만 전자기학에서 전하량은 두 가지 성질로 같은 것끼리는 서로 밀고 다른 것끼리는 끄는 힘을 작용한다. 물론 힘의 크기를 결정짓는 또 하나의 요소인 둘 사이의 거리에 대한 역제곱의 성질은 역학에서와 마찬가지로 전자기학에서도 성립된다.

역학은 뉴턴이라는 한 사람의 거인에 의해 완성되었지만 전자기학은 많은 이의 경쟁과 상호 협조적인 작업 끝에 두 사람의 거인에게서 완성되었다. 한 사람은 1831년 전자기 유도 법칙을 이끌어내고 발전기를 만들어낸 패러데이이고, 또 한 사람은 1864년 맥스웰 방정식이라고 부르는 네 개의 수식으로 전자기학의 세계를 엮어낸 맥스웰이다.

전하란 전기를 띠고 있는 입자로서 +전하(양성자)와 −전하(전자) 두 종류가 있다. 전하량은 물체가 가진 전기의 양으로 전기력의 크기를 결정하는 요인이다. 두 전하 사이의 전기력은 전하 사이의 거리 제곱에 반비례하고, 각각의 전하량의 곱에 비례하기 때문이다.

전기가 흐르는데, 자침이 흔들흔들

1820년에 발표된 전류가 자침에 미치는 영향에 대한 외르스테드Hans Christian Oersted(1777~1851)의 실험은 유럽 과학계를 술렁이게 했다. 그 실험은 전류가 흐르는 전선 가까이에 나침반 바늘을 가져가면 바늘이 움직인다는 발견에서 시작된 것이었다. 알다시피 전류는 전기학 쪽 현상이고 자침의 운동은 자기학 쪽 현상이다. 1600년 〈자석에 관하여〉를 통해 양쪽을 분리하여 정리한 길버트가 아니더라도 수천 년 동안 사람들은 전기와 자기는 서로 관련 없는 것으로 생각하고 있었다. 그런 전기 현상과 자기 현상이 서로 영향을 준다는 사실은 당시로는 놀라운 발견이었다.

한스 크리스티안 외르스테드

반응은 즉각 둘로 나뉘어 나타났다. 한쪽에서는 말도 안 된다며 일축했고 다른 쪽에서는 그 실험을 재확인해보고 이유를 밝혀내려 애썼다. 그중 후자에 속하는 앙페르는 한 걸음 나아가 두 도선 사이에서 발생하는 힘에 대한 실험을 수학적으로 정리해 1825년 앙페르 법칙을 확립하기에 이른다.

외르스테드와 앙페르의 소식을 접한 패러데이(1791~1867)는 곧바로 전기와 자기 사이의 관계에 대한 실험에 착수했다. 그는 두 사람의 실험 결과처럼 전류에 의해 자기마당이 만들어진다면, 반대로 자기마당으로 전류를 만들 수 있으리라 생각했다. 그러나 전류를 일으켜 자기마당을 관찰하는 것은 비교적 간단한 작업이지만 자기마당을 만들어 전기 실험을 하는 것은 생각만큼 쉽지 않았다. 패러데이는 몇 년에 걸친 실패와 재시도 끝에 1831년 마침내 전자기 유도 현상을 보여주는 실험에 성공했다.

전기가 흐르는 도선은 그 주위에 자기마당을 이루는데, 그 자기마당의 크기는 도선에 흐르는 전류의 크기가 클수록, 도선에서 떨어진 거리가 짧을수록 크다고 수학적으로 밝혀준 법칙이 앙페르 법칙이다.

외르스테드와 앙페르가 전류가 자기마당을 만드는 것을 보여주
었다면 패러데이는 자기마당의 변화가 유도전류를 일으키는 것을
보여주었다. 즉 전기가 자기에 힘을 작용하듯 자기도 전기에 힘을
작용함을 증명한 것이다. 이러한 그의 전자기 유도 법칙은 그의
수많은 업적 중 으뜸일 뿐만 아니라 이후 맥스웰의 전자기학 통합
작업에서도 가장 주요한 밑돌이 되었다. 인류에게 전기 시대를 가
져다준 발전기와 변압기도 패러데이의 전자기 유도 현상을 응용
한 것이다.

2. 마당으로 펼쳐진 세계—전자기학

패러데이는 정규 교육을 받지 못했는데, 그 때문에 수학적 지식이 부족해 훌륭한 실험을 해내고도 그 결과를 표현하는 데 많은 어려움을 겪었다. 그러나 그는 신문 배달과 상점 점원, 제본소 직원 등의 일을 하는 동안 틈틈이 책을 구해 읽고 책에서 이해한 내용이나 생각나는 이론을 노트에 글과 그림으로 정리하는 등 학구열을 불태웠다. 이러한 노력이 우연히 왕립 연구소의 과학자에게 알려지면서 패러데이는 당대의 훌륭한 과학자들과 교류하기 시작했고, 마침내 과학자로서 자신의 이론을 세상에 알리는 위치에 오르게 되었다.

패러데이는 부족한 수학 지식을 대신하기 위해 자신만의 독창적인 개념들을 많이 생각해냈는데, 특히 자기마당과 자기력선이 유명하다. 마당이라는 말은 물리학에서 보편적으로 쓰는 말로, 지금은 뉴턴 역학에서 '중력마당' 등과 같은 표현이 일반적으로 쓰이고 있다. 그러나 이는 뉴턴 당대에는 없던 용어로 훗날 자기마당에서 개념을 빌려다 쓴 것이다. 패러데이가 처음에 마당이라는 말을 쓴 것은 머릿속 이론을 설명할 개념적 표현이 필요했기 때문이었다. 그러나 이후 그는 실험을 통해 자기다발(일정한 면적을 지나는 자기력선의 수)을 보여줌으로써 자기마당이 실제로 존재함을 밝혔다.

자기력선이란 자기력의 방향을 나타내는 선으로 N극에서 나와 S극으로 향하는 선을 말한다. 어렸을 때 경험한 자석과 철가루 실험에서 확인한 선이 바로 자기력선이다. 이런 자기력선이 펼쳐진 공간이 자기마당이며, 자기마당 안에 있는 물체는 자기력을 받는다.

생물학에서 곰이나 호랑이 등의 동물들이 자신의 세력이 미치는 영역을 가지는 것과 같이 질량이나 전하량(또는 자하량)이 있는 물체도 자신의 영향(구체적으로 힘)이 미치는 영역을 가지는데 이를 마당이라고 한다. 질량을 가진 물체는 그 물체의 중력마당으로, 전하량을 가진 물체는 그 물체의 전기마당으로 불린다.

원격 작용 —마당에 죽다

앞에서 살펴보았듯 뉴턴은 만유인력이라는 힘이 한순간에 작용한다는 이른바 원격 작용의 개념으로 힘의 작용 과정을 설명했다. 그런데 간단하게 받아들일 수 있을 것 같던 그 개념은 물리적으로 수용하기 어려운 심각한 문제점이 있었다. 한 물체가 다른 물체의 질량과 둘 사이의 거리를 어떻게 한순간에 알 수 있느냐의 문제와, 그것을 안다 하더라도 그에 따른 만유인력을 어떻게 한순간에 작용할 수 있느냐의 문제가 그것이었다.

상대에 대한 정보를 가장 빨리 얻을 수 있는 방법은 빛의 속력을 이용하는 방법이다. 그러나 지구에서 태양에 대한 정보를 지금 막 접했다 해도 그것은 이미 태양을 떠난 지 8분 20초가 지난 '오래된' 정보다. 빛이 태양에서 지구까지 오는 데 8분 20초 정도 걸리기 때문이다. 그러므로 빛 속력의 한계가 무너지지 않는 한, 원격 작용은 단지 개념적으로만 존재할 수밖에 없다.

그렇다면 물체(또는 전하)는 어떻게 상대에 대한 정보를 순간적으로 아는 것일까? 그 답은 마당에 있다. 전하는 다른 전하에 상관없이 자신의 마당을 이루기 때문이다. 자신이 만든 마당 어딘가에 전하가 놓이면, 그곳까지의 거리에 의해 이미 형성된 자신의 전기마당 크기와 놓인 전하의 전하량을 곱한 것, 즉 그 힘만큼을 전하에 작용하는 것이다.

여기서 마당을 생각할 때 주의할 점이 하나 있다. 어떤 전하가 자신의 마당을 이룬다 함은 다른 전하의 존재가 그 마당에 미치는 영향을 무시할 수 있을 정도여야 한다는 것이다. 그러니까 태양은 태양 자신의 중력마당을 이루고 목성은 목성 자신의 중력마당을 이룬다고 할 수 있지만, 태양과 목성 사이에 있는 마당을 생각하면 태양은 여전히 자신의 중력마당을 이룬다고 할 수 있는 데 반해 목성은 태양의 영향을 무시할 수 있기는커녕 오히려 그 영향권에 갇힌 상태다. 따라서 목성은 자신의 중력마당을 이룬다고 할 수 없다. 물론 목성과 그 위성 사이에서는 목성도 당당하게 자신의 중력마당을 이루지만 위성은 그렇지 못하다.

전기마당-자기마당, 전자기 에너지

원격 작용 설명과 더불어 마당 개념은 전자기학에서도 유용하다. 전기 현상은 전기마당을 통해, 자기 현상은 자기마당을 통해 나타난다. 전하는 자신의 존재를 전기마당을 만듦으로써 나타낸다. 마찬가지로 자하는 자신이 있음을 자기마당을 이룸으로써 나

다양한 마당을 이루는 태양계의 주요 행성. 왼쪽부터 명왕성, 해왕성, 천왕성, 토성, 목성, (태양), 수성, 금성, 지구, 화성

타낸다. 거미가 보이지 않아도 거미줄을 봄으로써 거미가 있음을 알 수 있고 거미줄의 넓이에서 녀석의 덩치를 짐작할 수 있듯이.

전기마당과 자기마당은 눈으로 직접 수치를 확인할 수 없는 전기에너지와 자기에너지를 구하는 기준으로도 유용하다. 운동에너지는 물체의 운동 속도에 따라, 위치에너지는 기준점에서 떨어진 물체의 위치에 따라 각각 그 에너지가 결정된다. 전기에너지와 자기에너지는 운동에너지가 속도의 제곱에 비례하듯 각각의 전기마당과 자기마당의 제곱에 비례한다. 그리고 전자기 에너지는 전기에너지와 자기에너지를 합한 것이므로 이들 전기마당과 자기마당

의 제곱을 합한 값이 된다.

이제 마당 개념을 통해 뉴턴의 원격 작용이 설명되었음은 물론이고 전자기학의 체계를 밝히는 일이 가능해졌다. 그렇다면 이러한 전기에너지와 자기에너지에 관련된 전자기력은 구체적으로 이세계에 어떤 영향을 미칠까?

3. 전자기력—실체를 드러낸 두 번째 기본 힘

뉴턴의 만유인력을 간단히 중력이라고 한다. 세상에 태어나기도 전에 중력은 이미 어머니 배 속에서부터 우리에게 작용하고 있었다. 우리가 느끼는 이 중력은 지구와 나 사이에 작용하는 만유인력이다. 중력은 특별한 상황이 아니면 우리가 중력을 받고 있다는 사실을 잊을 정도로 우리 몸의 일부가 되어 있다.

물론 사람과 사람 사이에도 중력은 존재한다. 하지만 그 세기가 사람과 지구 사이의 힘의 세기에 비해 가볍게 무시할 수 있을 만큼 작기 때문에 느낄 수 없을 뿐이다. 질량을 가진 물체 사이에는 그 힘이 크든 작든 중력이 항상 작용한다. 중력은 우주의 질서를 유지하는 기본적인 힘으로서 자연 현상에서 제일 먼저 그 실체를 드러낸 첫 번째 힘이다.

우주의 질서를 유지하는 기본 힘으로서 중력 다음으로 실체를 드러낸 힘은 전기력이다. 중력이 질량이라는 힘의 근원을 가지듯 전기력에도 힘의 근원이 있는데, 바로 전하량이다. 전하에 대한

조지프 존 톰슨

어니스트 러더퍼드

생각이 정립되고 전기력이 정량화된 것은 18세기에 들어와서의 일로, 여기에는 거의 한 세기에 걸친 여러 선각자의 노력이 들어 있다. 18세기 초만 해도 학자들은 전하의 실체를 잘 알지 못했다. 전기에 대하여 마찰 전기의 대가인 뒤페Charles Francois de Cisternai Dufay와 놀레Abb Jean Antoine Nollet는 두 가지 형태의 유체라고 주장한 데 반해, 연을 이용해 번개가 전기임을 증명해 보인 프랭클린Benjamin Franklin은 한 종류의 유체로 이루어졌지만 압력 때문에 끌고 미는 힘이 된다고 주장했다. 지금은 이 모두가 잘못된 이론임이 밝혀졌지만 이 주장들은 당시 최고 전문가들이 자신의 이름을 걸고 내놓은 것이었다.

그 후 1897년 톰슨Joseph John Thomson과 1911년 러더퍼드Ernest Rutherford가 음의 전하를 띠는 전자와 양의 전하를 띠는 핵의 존재를 확인했다. 러더포드는 당시 방사선을 연구했는데, 그 과정에서 전자가 없는 헬륨 핵을 발견하고 이를 알파선이라 이름 붙였다. 그는 이 알파선의 산란 실험을 통해 원자는 가운데 아주 작은 공간에 집중된 양의 전하를 띠는 핵과 그 주위를 도는 전자로 구성된다는 것을 밝혀냈다.

전기력을 재다 — 우주의 두 번째 기본 힘이 드러나다

전하의 실체를 알게 된 뒤 1767년 프리스틀리Joseph Priestley는 전하 사이의 전기력도 만유인력 법칙의 중력처럼 둘 사이 거리의 제곱에 반비례하는 힘임을 발견했다. 그리고 쿨롱Charles Augustin de Coulomb(1736~1806)은 여러 실험을 거쳐 마침내 1785

년에 전기력을 정량화했다.

쿨롱의 법칙에 따르면 전하 사이에서 작용하는 전기력은 만유인력처럼 둘 사이 거리의 역제곱에 비례한다. 물론 이 값은 만유인력에서는 두 물체의 질량을 곱한 것에 비례하고, 전기력에서는 두 전하의 전하량을 곱한 것에 비례한다. 만유인력이나 전기력에서 중요한 것은 두 힘 모두 거리의 함수라는 사실이다. 이는 뒤에서 자세히 이야기할 통일장 이론과 연결해서 생각할 수 있는데, 둘 다 거리의 제곱에 반비례하는 성질이 있다는 것은 두 힘을 하나로 묶으려는 시도가 전혀 불가능하지만은 않다는 것을 암시하기 때문이다.

사를 오귀스탱 드 쿨롱

쿨롱에 의해 전기력이 정량화됨으로써 전기력과 중력의 힘을 비교할 수 있게 되었다. 수소 원자를 예로 들어 두 힘을 구체적으로 계산해 비교하면, 양성자와 전자 사이의 전기력은 그 둘 사이의 중력보다 10^{39}배나 큼을 알 수 있다. 이는 얼마나 큰 수인지 감을 잡기도 힘들다. 백만 배가 10의 6승이고, 백만 배의 또 백만 배의 또 백만 배를 계산해도 10의 18승밖에 안 된다. 즉 중력에 대한 전기력의 세기란 우리의 경험을 초월할뿐더러 상상마저도 허락지 않는 크기다. 이런 이유로 전기력이 관련된 문제를 생각할 때 그 문제에 미칠 중력의 영향은 고려할 필요가 없게 된다.

전기력의 상상을 초월하는 크기를 실감할 수 있는 가장 대표적인 예는 바로 핵폭탄이다. 2차 대전 당시의 히로시마 원폭 투하, 체르노빌 원자력 발전 사고 등을 떠올려보라. 오늘날도 북핵문제를 비롯해 핵폭탄은 전 세계를 긴장시키는 예민한 사안이지 않은

2차 대전 당시 나가사키 원폭
투하로 발생한 버섯구름

가. 20세기 최고 무기인 핵폭탄의 가공할 만한 파괴력의 본질은
다름 아닌 전기력에서 찾을 수 있다. 양성자와 양성자는 같은 전
하를 띠기 때문에 서로 미는 전기력을 미치게 된다. 핵이라는 아
주 작은 공간에서 두 개 이상의 양성자가 서로 밀어내지 않고 일
정한 형태를 이룰 수 있는 것은 전기력보다 강한 핵력이라는 힘이
양성자들을 결합시키고 있기 때문이다. 하지만 핵이 중성자에 의

해 쪼개지면 핵력이 미치는 영향권을 벗어나게 된 양성자들이 전기력의 미는 힘 때문에 폭발하게 된다. 즉 핵을 이루는 양성자와 중성자 사이의 핵력이 그 힘을 잃는 순간 양성자와 양성자끼리 밀어내는 전기력이 핵폭탄의 정체인 것이다.

4. 전자기파—새로운 시대가 열리다

그렇다고 전자기력을 핵폭탄처럼 무시무시한 위협 요소로만 생각해서는 안 된다. 그것은 우리에게 위협보다는 편리함을 더 많이 가져다주었는데, 특히 오늘날 라디오나 TV는 물론이고 휴대전화와 인터넷 등 최첨단 정보 통신 발달은 전자기력 연구 덕분에 가능했다. 특히 전자기파의 중심에 선 인물은 맥스웰(1831~1879)인데, 그는 빛이 전자기파의 일종임을 밝힘으로써 광학을 전자기학 속에 흡수하고, 전기마당과 자기마당을 수학적으로 해석함으로써 전자기학의 정밀한 실험과 연구를 가능하게 했다. 오늘날 일상의 광범위한 영역에 활용되는 무선 통신 기술이 가능해진 것은 바로 맥스웰의 전자기파 연구에 힘입은 것이라 할 수 있다.

맥스웰—전자기파를 예견하다

1865년 맥스웰은 앙페르, 패러데이, 톰슨 등이 발전시킨 전자기학을 수학적으로 통합하고 체계화해 〈전자기마당의 동력학 이론 Dynamical theory of the electromagnetic field〉이라는 논문을 발표했다. 이 논문에서 맥스웰은 빛에 대한 전자기학 이론을 전개

제임스 클러크 맥스웰

함으로써 빛이 전자기파 가운데 하나라는 것을 보였다. 또한 그동안의 모든 결과를 집대성하고 정리해 1873년에 《전자기론Treatise on Electricity and Magnetism》을 출판함으로써 전자기학의 체계를 완성했다. 이에 따라 뉴턴의 역학 체계와 더불어 맥스웰의 전자기학 체계는 고전 물리학을 이루는 양대 기둥이 되었다.

　패러데이의 전자기력선 개념과 그의 광자기 효과에 대한 톰슨의 자기 소용돌이 이론, 그리고 프랑스의 물리학자 피조Armand Hippolyte Louis Fizeau의 빛 속도 측정 등의 결과에 주목한 맥스웰은 뛰어난 수학적 능력을 발휘해 마침내 전기 현상과 자기 현상을 전자기학이라는 하나의 통일된 세계로 갈무리했다. 그는 우선 전자기학에 대한 주요 법칙들을 수학적으로 정리해 네 개의 방정식으로 묶었다. 그 식들을 미분 및 벡터 연산 등의 수학적 작업을 거친 뒤 서로 연결해 정리하면 전기마당(또는 자기마당)에 대해 두 번 미분된 형태의 방정식을 이끌어낼 수 있는데, 이때 이 미분 방정식을 풀어 나오는 해는 모두 파동의 진행 방향과 수직으로 주기적 진동을 보이며 퍼져나간다. 이를 맥스웰의 파동 방정식이라 한다.

　이러한 전자기파는 우리에게 익숙한 전파를 생각하면 된다. 일정한 전자기파를 적당한 전원과 진동 회로를 사용해 전동 전류로 만들고 그것을 안테나를 통해 흐르게 하면 일정한 파장의 전자기파를 지속적으로 보낼 수 있는 것이다. 시간에 따라 변하는 전기마당과 자기마당에 대한 맥스웰 방정식에서 나온 파동 방정식은 훗날 실제로 전자기파를 만들어내게 했으므로 맥스웰은 전자기파

　전기마당과 자기마당에 대한 맥스웰의 방정식을 풀면 그 수학적 해가 사인 또는 코사인 함수 꼴로 나타나는데, 이것은 수면파의 파동 모양과 같아서 그 방정식을 전기마당이나 자기마당에 대한 파동 방정식이라고 한다.

를 예견했다고 볼 수 있다.

헤르츠―전자기파를 만들다

그러나 맥스웰의 전자기학 체계가 오늘날처럼 절대적인 지지와 호응을 받은 것은 아니었다. 특히 독일에서 배타적인 분위기가 강했다. 독일 학자들은 베버Wilhelm Eduard Weber가 만든 쿨롱, 앙페르를 포함하는 전자기학 체계의 완성도를 높이기 위해 매진하면서, 마당보다는 여전히 원격 작용을 더 선호해 전자기력이 무한 속도로 전달된다고 생각했다. 당시에는 빛의 속도가 빠르지만 유한하다는 사실이 정확히 증명되지 않았기 때문에 원격 작용이 익숙하고 편리한 생각이었다.

하인리히 헤르츠

베버에 이어 독일의 전자기학 체계를 더욱 정교하게 다듬고 있던 헬름홀츠 밑에서 박사 과정을 밟고 있던 헤르츠Heinrich Hertz (1857~1894)는 실험적으로 전자기 효과를 검출하려는 주제에 도전했지만 실패해 다른 주제로 학위를 마칠 수밖에 없었다. 하지만 졸업 후 직장 때문에 여러 곳을 전전하면서도 그 연구에 대한 관심을 잃지 않던 그는 1888년 드디어 맥스웰이 예견한 전자기파를 발생시키는 데 성공했다.

그가 전자기파를 발견한 것은 스파크를 이용한 실험이었다. 그는 물질 주위의 자계(자기마당) 분포를 조사하기 위해 직접 수신 장치(소용돌이 선 장치)를 고안했는데, 그 장치가 측정 중인 물질의 본체에서 멀리 떨어져 있을 때도 불꽃 즉 스파크가 일어나는 것을 확인했다. 이는 베버의 전자기학을 지지한 스승 헬름홀츠의

1888년 헤르츠는 소용돌이 선 장치를 응용해 높은 진동수의 전기 떨림을 만들었고, 그 뒤 전자기 유도를 이용해 유도 전류의 고유 진동수를 변화시켜 공명파를 만들었다. 그는 이렇게 떨림을 만드는 장치와 공명된 떨림을 감지하는 장치를 통해 마침내 전자기파를 발생시키고 그 존재를 확인할 수 있었다.

이론을 부정하는 것으로, 이 때문에 한동안 스승과 소원하게 지내야 했다. 하지만 헤르츠는 그에 연연하지 않고 자신의 발견을 체계적인 실험으로 발전시켜나갔고, 마침내 전파 송신기를 통해 전자기파가 빛과 같은 파동을 나타냄을 입증했다. 이로써 맥스웰의 전자기학 체계는 독일에서도 입지가 확고해지고 전 세계적인 지지를 받게 되었다.

이어 1894년에는 이탈리아의 물리학자 마르코니Guglielmo Marconi가 전자기파를 상용화함으로써 인류에게 정보 통신 시대의 문을 활짝 열어주었다. 마르코니는 모스 부호에 따라 전류가 흘렀다 끊겼다 하는 현상을 이용해 전파 통신의 실용화에 성공했는데, 이 전자기파(무선) 통신은 두 차례에 걸친 세계 대전으로 크게 발전했고 오늘날의 무선 데이터 통신으로 이어지게 되었다.

파동은 매질이 필요해—에테르

앞에서 설명했듯 맥스웰의 방정식이 증명한 이론적 전자기파는 광학에서 축적해온 빛에 대한 연구 결과인 빛의 특성을 그대로 보여줌으로써 빛이 전자기파의 일종이라는 것을 알려준다. 이에 따라 전자기파가 파동성을 가지기 때문에 빛이 파동이라는 결과가 나왔고, 곧 이은 헤르츠의 전자기파 발생 실험 성공은 빛이 파동임을 확증하는 결정적 증거가 되었다. 이로 인해 그동안 독립적으로 발전해온 광학은 전자기학의 한 분야로 흡수 통합되었다.

그런데 파동이 전달되려면 매질이 있어야 한다. 수면파는 물이라는 매질을 통해, 음파는 공기라는 매질을 통해 전달되는 것이

파동이 진행되려면 그 파동을 전달하는 물질이 있어야 하는데 그 물질을 매질이라고 한다. 예를 들어 소리가 공기 중을 진행해갈 때 공기가 바로 소리의 매질이다.

다. 그렇다면 전자기파는 어떤 매질이 필요할까? 사람들은 에테르라는 물질을 전자기파의 매질로 생각했다. 빛의 파동설이 나오면서 빛의 매질로 여겨진 에테르는 우주 공간을 채우고 있지만 물체의 운동에 아무런 저항을 주지 않는 기묘한 성질을 가진 물질이었다. 빛의 매질로 에테르가 받아들여진 것은 훅과 호이겐스에 의해서인데, 그 뒤 빛의 알갱이설보다 파동설이 더 유력한 이론으로 자리매김할 때마다 에테르는 그 특성과 실체에 대한 연구 결과에서도 많은 변화를 겪어야 했다. 아인슈타인의 상대론이 나올 수 있었던 것도 에테르의 존재에 대한 실험에서 그 존재를 부정하는 결과가 있었기 때문이었다.

앨버트 에이브러햄 마이컬슨

에테르가 존재하지 않는다는 것을 실험으로 증명한 사람은 폴란드 출신의 물리학자 마이컬슨Albert Abraham Michelson과 미국의 화학자 몰리Edward Williams Morley다. 이들은 매질인 에테르가 있다면 한 광원에서 나온 빛을 두 갈래로 나눈 뒤 서로 다르게 운동시켰을 때 두 광원 간의 속도 차에 의해 간섭무늬(빛의 간섭으로 생기는 동심원 모양의 줄무늬)가 생겨야 하는데 그것을 발견할 수 없음을 실험으로 보여주었다. 빛의 속도는 광원의 운동에 관계없이 일정한 값을 갖는다는 그 실험 결과는 바로 빛의 매질인 에테르가 존재하지 않음을 밝힌 것이었다.

광속 실험을 기록한 마이컬슨의 자필 노트

빛은 알갱이인가 파동인가

그렇다면 빛은 알갱이인가 파동인가. 빛이 알갱이냐 파동이냐를 놓고 벌인 빛의 실체에 대한 치열한 논쟁은 전자기파의 예언과

동심원 모양으로 겹쳐지는 빛의
간섭무늬

그 발견으로 끝을 맺었다. 뉴턴으로 대표되는 알갱이라는 생각과 호이겐스로 대표되는 파동이라는 생각은 처음에는 뉴턴의 명성 때문에 알갱이 쪽이 우세한 듯했지만 양쪽 모두 나름의 근거가 있어 쉽게 우열이 가려지지 않았다.

알갱이는 무엇이고 파동은 무엇일까? 그 차이는 간단히 말하면 이렇다. 알갱이는 어느 공간에 가두거나 넣어둘 수 있는 반면 파동은 그렇지 않다. 파동은 갇혀 있지 않고 퍼져나가는 속성이 있다. 이렇듯 빛이라는 한 물체의 특성에 대한 전혀 상반된 설명은 별 진전 없이 갈등의 표면 아래 숨겨져 있었다.

100여 년을 팽팽하게 대립하던 빛에 대한 알갱이설과 파동설 사이의 균형은 1801년에 영Thomas Young이 행한 두 실틈 간섭무늬 실험으로 깨졌다. 영은 실험에서 하나의 광원에서 나온 빛을 단일 실틈에 통과시킨 뒤 그 빛을 다시 이중 실틈에 통과시켜 스크린에 비추었는데 밝고 어두운 무늬가 규칙적으로 나타났다. 이것을 빛의 간섭무늬라고 하며, 이는 빛이 파동일 때만 나타나는 현상이다. 그리고 1815년 이후 프레넬Augustin Jean Fresnel이 실험적 연구와 수학적 해석을 통해 파동설을 정식 이론화해 든든한 지지 기반을 확보함으로써 파동설이 대세가 되었다. 그 뒤 1864년 맥스웰의 전자기파 예언과 1888년 헤르츠의 전자기파 발

프레넬은 당시 파동설로는 설명되지 않던 빛의 직진, 반사와 굴절, 결정 속에서의 전파 등에 관한 성질을 수학적으로 체계화함으로써 빛의 파동설을 주장했고, 훗날 편광판을 이용한 실험을 통해 빛이 횡파라고 주장했다.

견으로 빛에 대한 두 이론 사이의 대립 구도는 완전히 해소되고 파동설의 승리가 확정되는 듯 보였다. 그들에 따르면 빛은 그 진행 방향과 직교하는 평면에서 전기마당과 자기마당이 서로 직교하며 공간을 퍼져나가는 횡파다. 빛은 파동인 것이다.

하지만 그 뒤로도 계속 새로운 실험과 증거 들이 나오면서 빛의 성질에 대한 논란은 계속되었다. 뒤에서 자세히 살펴보겠지만 아인슈타인이 광전 효과를 발견하면서 빛은 알갱이의 성질을 가졌다는 이론이 설득력을 얻었다. 그러다가 프랑스의 물리학자 드브로이Louis Victor Pierre Raymond de Broglie의 물질파 개념이 생겨나면서 빛이 알갱이와 파동의 성질을 모두 가지고 있다고 타협점을 찾게 되었다. 이것을 흔히 빛의 이중성이라고 하는데, 빛의 성질을 밝히기 위해 당대 내로라하는 과학자들에 의해 행해진 이러한 연구는 전자기학과 양자 역학의 발전에 큰 공헌을 했다.

우주의 기본 힘을 하나로

중력, 전자기력, 약력(약학 핵력) 그리고 강력(강한 핵력)의 4가지 힘을 우주를 지배하는 기본 힘이라 한다. 이 가운데 중력과 전자기력은 우리의 일상이나 물리적 현상 속에서 관찰하거나 느낄 수 있는 데 비해 약력과 강력은 핵 내부에서 작용하는 힘으로 일상에서는 경험할 수 없다. 아인슈타인은 40여 년 동안 이들 힘을 하나로 통합하려는 노력을 계속했지만 끝내 그 뜻을 이루지 못한 채 후학들에게 그 과제를 남기고 세상을 떠났다.

이들 4가지 기본 힘 중에서 질량이 있는 모든 물체 사이에 작용하는 중력은 중력자graviton가, 핵과 전자 사이의 힘인 전자기력은 빛알(광자, photon)이, 핵에서 양성자와 중성자를 묶어주는 힘인 강력은 글루온gluon이 매개한다. 그리고 원자핵의 자발적 붕괴 현상을 지배하는 힘인 약력은 W, Z 보존boson이 매개한다. 이들 매개자 가운데 중력자를 제외한 것들은 이미 실험적으로 발견했지만 아직 중력자를 찾아내거나 그 존재를 확인하지는 못하고 있다.

또한 이 힘들을 하나로 묶으려는 시도도 중력을 뺀 전자기력과 약력 그리고 강력은 통일의 결실을 맺었다. 그 시작은 1867년 전기력과 자기력을 하나로 묶은 맥스웰에게서 찾아볼 수 있을 것이다. 그리고 100여 년이 흐른 뒤인 1967년과 1968년에 와인버그Steven Weinberg와 살람Abdus Salam은 각각 독립적으로 약력과 전자기력에 대한 통일된 표현을 제안했고, 곧이어 강력에 대해서도 비슷한 이론인 양자 색역학이 개발되었다. 그 결과를 비교해보았을 때 세 힘에 대한 이론은 수학적 구조가 비슷했고, 따라서 이들에 대한 통일장 이론이 가능하게 된 것이다.

그러나 이들 세 힘과 중력을 통합하려는 노력은 아직 결실을 맺지 못하고 있다. 힘의 크기에서 중력이 다른 힘들에 비해 너무 작기 때문일까? 중력의 크기는 전자기력의 10^{-39}밖에 되지 않고, 다른 힘들은 전자기력보다 수백 배 크거나 수십 배 작은 정도다.

제5장 양자론—이상한 미시 세계를 열다

학문의 시작은 철학이다. 그 다음이 수학이요, 물리학을 포함한 자연 과학이다. 이들 학문 영역은 독립적으로 발전해오며 나름의 체계를 이루기도 했지만 상호 유기적인 연결고리 속에 영향을 주고받으며 발전하기도 했다. 뉴턴 역학의 결정론이 종교에서 뿌리를 찾을 수 있듯이 근대 철학 또한 뉴턴의 결정론 및 기계론의 영향을 받은 것이 사실이다.

20세기 들어 고전 물리학의 세계를 송두리째 뒤흔든 현대화의 혁명 주체는 상대론과 양자론이었다. 학문의 원조인 철학마저 현대 물리학의 두 기둥인 양자론과 상대론에서 큰 깨달음을 얻었다. 현대 철학을 이끈 실존 철학을 대표하는 하이데거Martin Heidegger와 야스퍼스Karl Treodor Jaspers 등의 사유 세계에 현대 물리학은 그 존재를 깊이 각인했다.

아인슈타인의 상대론과 더불어 현대 물리학의 두 디딤돌 가운데 하나인 양자론(역학)의 명칭은 빛 에너지의 양자화에서 비롯되었다. 양자화란 연속적인 상태가 아닌 불연속적인 상태를 뜻한다. 전자기파의 하나로 생각되던 빛도 미시적 관점으로 볼 때는 양자화되어 알갱이처럼 띄엄띄엄한 덩어리 상태로 내보내지고 쏘여진다. 이렇듯 미시 세계를 이해하는 데 한계를 드러낸 뉴턴 체계를 대신한 새로운 대안이며 유일한 방안인 양자론은 현대 물리학의 꽃이라 할 수 있다.

1. 에너지의 양자화

검정체 내비침— 흑체 복사

물리학 용어 가운데 검정체 또는 흑체라는 말이 있다. 보통 물체에 빛을 쏘면 일부는 튕겨내고 일부는 흡수하는데, 검정체는 빛을 100퍼센트 흡수할 뿐만 아니라 100퍼센트 내보내는 이상적인 물체다. 이 검정체는 내비침, 즉 온도에 따라 내보내거나 흡수할 때 빛띠의 에너지 분포 곡선이 변한다. 19세기 중엽 독일의 물리학자 키르히호프Gustav Robert Kirchhoff가 실험에서 발견한 검정체 개념을 학계에 도입한 뒤 슈테판Josef Stefan, 볼츠만, 빈Wilhelm Win 등 19세기 말의 여러 학자가 검정체에서 내비침할 때의 에너지 분포 곡선을 설명했지만 완벽하지는 않았다.

1900년, 40대의 플랑크(1858~1947)는 전자기 복사 에너지가 파동이 아니라 에너지 덩어리로 양자화되었다는 가설을 생각해냄

흑체에 가까운 것으로 알려진 태양. 흑체 복사 스펙트럼에 따라 노란색으로 관측되는 태양의 온도를 측정할 수 있다.

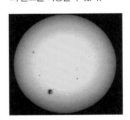

막스 플랑크

으로써 오랫동안 풀리지 않던 검정체 내비침 문제를 해결했다. 양자화란 에너지 분포가 연속적이지 않고 띄엄띄엄한 에너지 덩어리가 되는 것을 말한다. 즉 검정체가 빛을 내비칠 때 연속적인 파동으로 내보내지 않고 불연속적인 덩어리로 보낸다고 가정함으로써 내비침 에너지 곡선을 완전하게 설명할 수 있었다. 이러한 시도는 파동으로서의 빛이 아니라 에너지를 가진 알갱이로서의 빛을 말한 것으로, 오늘날 양자론의 시작을 알리는 계기가 되었다. 하지만 복사에너지의 양자화 가설은 보수적인 학자 플랑크에게 스스로 용납되지 않는 것이었다. 한동안 고민하던 그는 내비칠 때만 덩어리로 보내고 받아들일 때는 전자기파로 받아들인다는 기이한 설명을 했지만 그 또한 받아들이기 힘들기는 마찬가지였다.

그러면서도 플랑크는 1905년에 아인슈타인이 빛의 양자설을 주장하자 이에 전폭적인 지지를 보냈다. 물론 플랑크가 생각한 양자화와 아인슈타인의 양자화 가설은 그 대상이 다르다. 즉 플랑크는 에너지의 양자화를, 아인슈타인의 광양자설은 빛(전자기파)의 양자화를 나타낸다. 아인슈타인은 1887년 헤르츠가 전자기파 발생 실험을 하다가 처음 발견한 뒤 1900년 레나르트Philipp Eduard Anton Lenard에 의해 연구된 광전 효과에 착안해, 금속 겉면에 빛이 쪼일 때 빛은 파동으로 들어오지 않고 광양자라는 에너지 덩어리로 온다는 가정을 세워 이론을 다져나갔다.

이렇듯 검정체 내비침에 대한 플랑크의 에너지 양자화 가설과 광전 효과에 대한 아인슈타인의 광양자설에 의해 빛은 물체에서 나갈 때는 물론이고 다시 들어올 때도 양자화된 에너지 덩어리라

광전 효과는 금속판 같은 도체에 빛을 쪼일 때 금속에서 전자가 튀어나가는 현상이다. 하지만 아무 색의 빛에서나 전자가 튀어나가지는 않는다. 일정 세기 이상의 빛이 필요한데, 일정 세기 이하의 빛은 아무리 오랫동안 쪼여도 광전 효과가 일어나지 않는다. 오히려 양은 적지만 일정 세기 이상의 빛을 쪼이면 광전 효과가 나타나는데, 아인슈타인은 빛을 양자화된 알갱이인 광양자로 생각해 이 결과를 설명할 수 있었다.

는 것이 증명되었다.

빛은 파동? 알갱이?—빛의 이중성

빛은 파동이다, 아니 알갱이다로 대립된 파
동설과 알갱이설의 논쟁은 수세기에 걸쳐 진행
되었다. 19세기 말에 이르러 파동설을 입증하
는 중요 발견들이 나오면서 논쟁은 파동설의

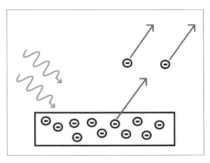

압도적인 승리로 막을 내리는가 싶었다. 하지만 20세기로 갓 들
어선 1905년, 광전 효과에 대한 아인슈타인의 광양자설이 발표되
면서 꺼져가던 논쟁의 불씨가 되살아나 학계는 또다시 뜨겁게 달
구어졌다.

1921년 미국의 콤프턴Arthur Holly Compton은 X선을 이용
한 전자와의 산란 실험에서 빛에 대해 전자기파가 아닌 광양자,
즉 포톤photon이라는 명칭을 사용했으며, 그 용어를 통해 자신
의 실험 결과를 간단하게 설명하는 콤프턴 효과를 발표했다. 이에
따라 상황은 역전되어 빛의 알갱이설이 우세해지는 듯했다.

그러나 1924년 프랑스의 드브로이Louis Victor de Broglie가
전자도 파동의 성질을 가진다는 물질파 이론을 제안하고, 1927년
미국의 데이비슨Clinton Joseph Davisson과 저머Lester Hal-
bert Germer 그리고 스코틀랜드의 톰슨George Paget Thomson
이 서로 독자적인 실험을 통해 전자가 가지는 물질파를 확인함으
로써 물질파의 존재를 확증했다. 이를 처음으로 밝힌 드브로이를
기려 물질파라는 말 대신 드브로이파라고도 한다. 물질파는 파동

1906년에 노벨 물리
학상을 받은 J. J. 톰
슨과 1937년 수상자인 G. P.
톰슨은 부자간이다. 이들 외에
도 부자가 노벨상을 받은 예
는 더 있지만 톰슨 부자의 수
상 이유는 조금 특별하다. 아
버지 톰슨은 1897년 전자의
알갱이 성질을 규명한 공로로,
아들 톰슨은 1927년 전자의
파동 성질을 밝힌 공로로 수
상했기 때문이다.

성과 입자성을 모두 가진 빛의 이중성, 즉 질량을 가진 물질(혹은 물체)은 운동량뿐만 아니라 동시에 파동의 성질도 가진다는 것을 보여주었다.

물질파가 확인되자 빛이 파동이냐 알갱이냐라는 주장은 의미가 없어졌다. 모든 물질이 그렇듯 빛도 두 성질을 모두 보이는 이중성을 가졌음이 밝혀졌기 때문이다. 다만 물질파의 파장은 물체의 운동량에 반비례하기 때문에 분자보다 크기가 큰 물체의 파장은 그 크기를 측정하기 힘들 정도로 작아 파동성보다는 알갱이 성질

을 더 많이 보여준다. 반면 분자보다 작은 전자 같은 물체는 비록 파장이 작다 해도 크기가 워낙 작아 그것을 무시할 수 없기 때문에 파동성을 보여줄 수 있다.

즉 양자 세계에서 물질은 파동 성질과 알갱이 성질을 모두 가질 뿐만 아니라 그것을 모두 보여줄 수 있다. 따라서 관측자가 어떤 성질을 보고자 하느냐에 따라 결과는 달라진다. 이렇듯 관측자의 뜻에 따라 결과가 좌우되는 성질 때문에 양자 세계 측정은 조심스러울 수밖에 없다.

이러한 양자 역학 세계의 이중성은 이제부터 살펴볼 하이젠베르크Werner Karl Heisenberg(1901~1976)의 행렬 역학과 슈뢰딩거Erwin Schrödinger(1887~1961)의 파동 역학에서도 찾아볼 수 있다. 행렬 역학은 알갱이 성질을 대표한 체계이고 파동 역학은 파동 성질을 대표한다. 이들 두 방법은 양자의 본질적인 성질이 이중성에 있다면 어느 한 성질을 통해 그 실체를 이해할 수 있으리라 본 데서 시작되었다.

> 양자 세계는 우리가 눈으로 볼 수 없는 미시의 세계로 물질의 이중성을 보여준다. 예를 들어, 실험적으로 입자의 성질을 원할 때는 입자의 거동을, 파동의 성질을 원할 때는 파동의 거동을 확인할 수 있다. 양자 세계에서는 결정론적인 뉴턴역학이 성립하지 않는 대신 뒤에서 설명할 하이젠베르크의 불확정성 원리가 적용되며 이에 대한 해석은 확률적으로 행해야 한다.

슈뢰딩거 방정식─파동 역학

1920년대 중반, 오스트리아의 슈뢰딩거는 물질 입자들이 이중성을 가졌으며 처한 상황에 따라 입자처럼 행동하기도 하고 파동처럼 행동하기도 한다는 드브로이의 주장에 주목했다. 이 물질파를 받아들임으로써 그는 미시 세계에서 뉴턴 역학을 대신할 파동 역학을 표현할 수 있는 파동 방정식을 완성했다. 슈뢰딩거 방정식을 통한 파동 역학으로 미시 세계를 이해하는 방법은, 1925년에

에어빈 슈뢰딩거

막스 보른

초기 양자 역학 발전에 그 누구보다 커다란 기여를 했음에도 세상에 별로 알려지지 못한 사람이 있다. 그가 바로 막스 보른이다. 그는 보어와 조머펠트 등과 함께 양자 역학 연구를 하면서 초기의 양자론 확립에 드러나지 않은 결정적 공헌을 했다. 또한 다섯 명의 노벨상 수상자를 포함하여 20세기 물리학에 뛰어난 업적을 남긴 수많은 인재를 배양해낸 큰 스승이었다. 그가 이끈 괴팅겐 연구 모임은 오늘날의 현대물리학 형성에 크게 기여한 세계적인 모임이다.

하이젠베르크가 만들어낸 행렬 방정식을 통한 행렬 역학으로 그 세계에 이르는 방법과 더불어 양자 역학의 세계를 이해하는 주요한 방법이다.

슈뢰딩거의 파동 방정식은 형태가 전자기학의 맥스웰 방정식을 닮았기 때문에 맥스웰 방정식에 익숙한 당시 학자들에게 쉽게 이해될 수 있었다. 하지만 슈뢰딩거 자신도 파동 방정식에서 구한 해가 어떤 물리적 의미를 갖는가를 이해하는 데까지는 성공하지 못했다. 전자에 대한 파동 방정식에서 구한 답(파동 함수)을 제곱한 것이 전자의 밀도라고 설명한 것이 물리적으로 문제가 된 것이다.

방정식의 해를 물리적으로 제대로 해석한 것은 하이젠베르크의 스승이기도 한 보른Max Born(1882~1970)이다. 그는 아인슈타인의 복사 이론에서 빛이 방출될 때 그 빛 방향에서 나타나는 어쩔 수 없는 우연성에서 영감을 얻어, 해를 통계적 확률로 해석해야 한다고 생각했다. 즉 구한 해인 파동 함수를 제곱한 것은 전자 밀도가 아니라 전자를 발견할 확률 밀도라는 것이다. 슈뢰딩거 방정식의 해인 파동 함수를 제곱해 적분하면 그 값이 1이 나오는데, 보른은 이를 확률로 해석했다. 즉 확률 1은 어떤 일이 반드시 발생한다는 것을 의미하므로 그 파동은 우주 어딘가에 반드시 있다는 결론이 나온다. 이 해석으로 양자 역학은 파동 역학에 의해 그 세계를 나타낼 수 있게 되었다.

하이젠베르크 방정식—행렬 역학
비슷한 시기 하이젠베르크는 양자 역학의 대부인 스승 보른과 그의 또 다른 제자 요르단Pascual Jordan 그리고 절친한 친구인 파울리Wolfgang Pauli와 함께 양자 역학의 새로운 체계에 대한 생각을 정리했다. 그들은 수학의 행렬 곱을 닮은 상징적 곱을 이용한 방정식을 만들어 양자 현상을 설명할 수 있음을 증명했다.

하이젠베르크는 원자 속의 전자 궤도 개념에 의심을 품고 방정식을 양자론적으로 해석하는 양자 역학을 확립했다. 즉 고전 역학과는 달리 양자 역학에서는 관측 순서가 바뀌면 결과도 달라지는데, 수학의 행렬도 연산에서 순서를 바꾸면 다른 결과가 나온다. 하이젠베르크는 행렬이 새로운 양자 역학을 표현할 수 있는 도구임을 깨닫고 연구한 결과 자신의 이름이 붙은 방정식을 창안해 행렬 역학을 완성한 것이다. 그의 상징적 곱이 행렬로 쉽게 표현될 수 있음을 한눈에 알아본 보른은 제자인 요르단과 함께 행렬 방정식의 정식화를 도왔다. 처음에는 행렬 역학에 소극적이던 파울리도 그 중요성을 알아보고 방정식을 수소 문제에 적용해 발머-계열 식을 성공적으로 풀어냄으로써 행렬 역학의 기초를 다지는 데 한몫했다.

하지만 그의 행렬 역학은 창안자 자신은 물론이고 당시의 물리학자에게 잘 알려지지 않은 수학의 행렬을 사용했기 때문에 대다수의 학자들은 슈뢰딩거의 파동 역학 방법을 더 선호했다. 슈뢰딩거가 자신의 파동 역학과 행렬 역학의 방법이 궁극적으로는 같음을 보였기 때문이다. 같은 결과에 도달하는 두 방법 가운데 굳이 이해하기 힘들고 익숙하지 않은 행렬 역학의 방법으로 양자 세계에 갈 필요는 없지 않았겠는가. 하지만 하이젠베르크와 슈뢰딩거

스위스 물리학자인 발머가 수소 원자의 선 스펙트럼을 관찰해 파장과의 관계에서 얻어낸 식으로 가시광선 영역에 적용된다.

의 양자 역학에 대한 해석은 서로 다른 면에서 본 새로운 양자 역학의 체계를 세운 것으로 그들은 20세기 양자 역학의 기초를 닦은 중심 인물이다.

2. 방향의 양자화

슈테른과 게를라흐의 실험—공간의 양자화

1922년 슈테른Otto Stern과 게를라흐Walther Gerlach는 은 원자의 빔을 쏘아 균일하지 않은 자기마당을 지나가게 했을 때 원자 빔이 위와 아래의 두 무리로 나뉘는 것을 실험으로 보여주었다. 이 결과를 1925년에 울렌베크George Eugene Uhlenbeck와 고우트스미트Samuel Abraham Goudsmit는 전자가 스핀을 갖기 때문이라는 전자의 스핀설을 제안하여 설명했다.

전자는 이제껏 알려지지 않은 스핀이라는 새로운 성질을 가지며, 그 스핀 값이 위와 아래의 두 값을 갖기 때문에 균일하지 않은 자기마당을 통과하는 원자 빔은 공간적으로 양자화되어 두 무리로 나뉜다는 것이다. 이와 같이 어느 특정 방향에서 공간적으로 나뉘는 공간의 양자화가 알려지면서 양자화는 새로운 국면으로 접어들었다. 즉 처음에 양자화는 그저 값에서의 양자화를 나타나는 편리한 개념 정도로 생각되었지만 값뿐만 아니라 방향에까지 양자화 현상이 나타남으로써 양자화가 단순한 개념이 아니라 미시 세계의 본질적 성질이라고 생각하게 된 것이다.

전자는 원자핵 주위를 도는 데서 가지는 각운동량뿐만 아니라 스스로 회전하는 데서도 각운동량을 갖는데, 이를 스핀 각운동량이라 한다.

원자핵 주위를 도는 전자는 전류를 형성하고, 자기 쌍극자와 같은 자기마당에서 돌림 힘을 받아 회전한다. 이때 아무 방향으로나 회전하는 것이 아니라 자기 양자 수에 의한 특정한 방향을 따라 회전하는데, 이를 공간의 양자화라 한다.

　이제 에너지, 즉 크기의 양자화뿐만 아니라 공간의 양자화도 밝혀졌다. 에너지의 양자화는 수소 원자에 대한 슈뢰딩거 방정식으로 구할 수 있다. 그리고 자전하는 물체가 가지는 운동량, 즉 각운동량도 이렇게 구할 수 있는데 이때 그 값뿐만 아니라 공간도 양자화됨을 알 수 있는 것이다. 여기서 각운동량은 고전 물리학에서의 각운동량인 궤도 각운동량과 새로운 각운동량인 스핀 각운동량을 합한 총 각운동량으로 두 각운동량이 서로 겹쳐지면서 그 크기는 물론이고 공간 또한 양자화된다.

3. 보어—양자 역학의 설계자이자 전도사

수소 원자를 보다

닐스 보어

원자는 전자가 핵을 중심으로 그 주위에서 돌고 있는 모양이라는 러더퍼드 모형은 고전 전자기학 이론과 상충되는 것이었다. 전기를 띤 물체의 가속도 운동은 전자기파를 발생하므로 핵 주위를 도는 전자는 전자기파를 내보내게 되고, 따라서 그 에너지를 잃게 됨으로써 운동 반경이 점점 줄어들어 핵과 충돌해야 한다. 하지만 그런 일은 일어나지 않는다.

1913년 보어Niels Henrik David Bohr(1885~1962)의 수소 원자 모형 제출은 고전 물리학과 새로운 체계인 양자 역학이 서로 섞인 세련되지 못한 모양이었지만 진정한 의미에서 양자 역학 시대의 시작을 알리는 중요한 제안이었다. 수소 원자에 대한 1903년의 톰슨Joseph John Thomson 모형과 1911년의 러더퍼드Ernest Rutherford 모형의 문제점들을 해결하려 고민하던 보어는 전자기학과 플랑크의 양자설, 아인슈타인의 광양자설 그리고 수소 원자 빛띠에 대한 발머 계열 식 등의 최신 정보를 종합하여 오늘날의 수소 원자에 가까운 모형을 생각해냈다.

러더퍼드 모형이 가진 원자의 안정성 문제에 대한 해결로 보어가 제시한 답은 핵 주위를 도는 전자가 아무 궤도나 도는 것이 아니라, 에너지 준위가 안정된 특별한 궤도만을 돌기 때문에 에너지 손실 없이 안정된 상태를 유지할 수 있다는 것이었다. 이는 현재 사용되는 원자 모형과 거의 비슷한 구조를 가지는 것으로, 현대 원자 구조를 밝히는 데 중요한 초석이 되었다.

1914년 프랑크와 헤르츠는 수은 증기의 원자에 전자를 충돌시키는 실험에서 일정한 에너지 흡수를 발견함으로써 보어의 원자 모형을 확증했다. 필라민트에 의해 열전자를 방출하는 진공관 내부에 수은 가스를 채운 뒤 전압을 걸면 열전자가 방출되어 전류가 흐른다. 이때 열전자의 에너지를 변화시켜 그 결과를 관찰하자 열

전자가 4.9eV라는 에너지를 가질 때 전류의 흐름이 줄어들었다. 이는 전자가 가진 에너지가 수은 원자가 들뜬 상태로 되는 데 필요한 최소 에너지 조건을 만족한 것으로, 전자의 에너지가 수은에 흡수되어 전자의 흐름이 줄어든 것이다. 이로써 보어의 말처럼 원자의 전자 배치는 공간의 양자화에 따름이 실험으로 증명되었다.

고전 체계와 양자 체계를 잇다

1920년 보어는 미시 세계를 다루는 양자 역학의 결과가 어떤 극한에서 경험상 확증된 고전 물리학의 결과와 같아야 한다는 대응 원리를 발표해 두 세계를 연결하려 노력했다. 이는 양자에서 다루는 빛에너지의 불연속적인 값이 광양자의 진동수가 충분히 커지는 극한에서는 연속으로 보아도 돼 고전 물리학과 일치한다는 논리다. 고전 물리에서나 양자 물리에서나 역학은 다 같은 역학이다. 그러면 뭔가 두 가지 모두를 포괄하는 원리, 예컨대 공식 같은 것이 있어 그것에 거시적 조건을 집어넣으면 고전 역학적인 결과가, 그리고 미시적, 즉 양자 조건을 집어넣으면 양자 역학적인 결과가 나와야 한다. 이것이 보어가 주장한 대응 원리로, 보어는 새로운 이론(양자 역학)은 이전의 이론(고전 역학)들을 설명할 대응성이 있어야 한다고 보았다.

이러한 대응 원리는 문제점(양자의 세계는 고전의 세계와는 전혀 다른 새로운 세계이므로 고전의 세계와 관련지어 설명하려는 보어의 시도는 그 자체로 문제를 가진다. 양자의 세계는 양자의 세계일 뿐 결코 고전의 세계가 아니다. 다만 고전 세계에 익숙한

보어의 원자 모형 가정은 함께 일하던 협력자들조차 받아들이기를 주저할 만큼 대담한 것이었다. 그는 수소 핵 주위에는 안정된 궤도가 있어 그곳을 도는 전자는 에너지를 방출하지 않기 때문에 핵에 포획되는 일이 없다고 했다. 안정된 궤도에서 돌고 있는 전자가 에너지를 받으면 그만큼 더 높은 에너지의 안정된 궤도로 올라가게 되고, 거꾸로 더 낮은 안정한 궤도로 내려가면 그 차이만큼의 에너지를 내보낸다. 이는 옛것과 새것을 섞은, 누덕누덕 기워놓은 볼썽사나운 옷 같았다.

이들에게 이것은 유추일 뿐으로, 이는 훗날 양자 역학이 완성됨에 따라 바로잡힌다)을 가지고 있었지만 하이젠베르크의 행렬 역학과 슈뢰딩거의 파동 역학의 길라잡이가 되어 서로 다른 두 접근 방법이 하나의 결과를 낳는 데 기여하기도 했다.

1927년 보어는 알갱이설과 파동설 중 어느 한쪽이 아닌 그 둘을 함께 쓸 수 있다는 상보성 원리를 발표했다. 물리량에는 위치와 운동량과 같이 서로 배타적이지만 상보적인 것이 존재한다. 예를 들어 물체의 위치가 정확할수록 그 속도에 대해서는 부정확함이 커지고 거꾸로 속도에 대해 정확할수록 위치를 아는 데는 부정확함이 커진다. 하지만 이들 상보적인 물리량을 통해 계는 설명할 수 있다는 것이다. 또 다른 상보적 물리량으로 에너지와 시간이 있다. 보어의 상보성 원리는 같은 해 발표된 하이젠베르크의 불확정성 원리와 함께 양자 역학의 본모습을 설명해주는 것이었다.

우리가 눈으로 볼 수 있는 거시 세계는 고전 역학으로 표현이 가능하다. 이런 거시 세계에서는 서로 보완적인 두 물리량(예를 들어 위치와 속도)을 동시에 얼마든지 정확하게 잴 수 있지만, 우리의 눈으로 직접 확인이 불가능한 미시 세계인 양자 역학에서는 하나인 관찰 대상의 두 상호 보완적인 물리량(상보성)을 동시에 정확하게 잴 수 없다(불확정성).

양자 세계를 알리다

1921년 보어는 한 맥주 회사와 대학의 도움으로 코펜하겐에 양자 역학을 연구하는 이론 물리학 연구소를 개설한다. 전 세계의 젊은 물리학자들을 초청해 아침에는 함께 토론하고 오후에는 함께 맥주를 마시는 등 자유분방한 분위기의 이 연구소는 코펜하겐 모임으로 불리며 양자 역학의 산실 역할을 했다. 그리고 독일의 괴팅겐, 영국의 캐번디시 등과 더불어 물리학의 중심지로 자리 잡았다.

이듬해인 1922년 괴팅겐 대학에서 열흘 동안 개최된 양자 역학 연구에 대한 강연회를 통해 보어는 이제 막 뿌리내린 양자 역학의 보급에 힘썼다. 훗날 '보어 축제'로 불린 이 회의에는 보른과 프랑크 등 괴팅겐 모임을 이끄는 기성 학자들과 훈트, 게를라흐, 요르단, 파울리, 하이젠베르크 등 신진 학자들이 함께 참가했다. 이를 계기로 괴팅겐 모임이 코펜하겐 모임과 더불어 양자 역학 연구에 뛰어든 것이다.

1925년부터 1930년 사이 보어가 이끄는 코펜하겐 모임에는 독일의 하이젠베르크와 파울리, 네덜란드의 에렌페스트Paul Ehrenfest와 크라머스H. A. Kramers, 스웨덴의 클라인Oskar Klein, 미국의 슬레이터John Clarke Slater, 영국의 디랙 P. A. M. Dirac, 러시아의 란다우Lev Davidovich Landau, 일본의 니시나Yoshio Nishina 등 전 세계 물리학자들이 대거 참여해 양자 역학 체계를 확립하는 데 결정적 역할을 했다. 제2차 양자 혁명이 이들의 연구로 이루어졌고, 하이젠베르크의 불확정성 원리, 보어의 상보성 원리 등 양자 역학의 주요 원리들이 이때 탄생했다.

이러한 학자들의 노력으로 20세기의 초기 30년은 양자 역학의 황금시대요 절정기를 이루었는데, 이 중심에는 새로운 체계인 양자 역학에 대한 열정을 불태울 수 있게 그들을 북돋우며 조용한 미소로 보듬어준 보어가 있다. 보어를 통해 신천지를 본 그들은 자신의 나라로 돌아가 제2, 제3의 보어가 되어 신진 학자를 길러내고 오늘날 양자 역학의 세계화를 이루는 데 앞장섰다. 보어 또한

보어가 교수로 있던 코펜하겐 대학의 도서관 내부(1920년경)

코펜하겐의 보어 학교에서 양자 역학을 포함한 물리학 전반에 대해 배우고 러시아로 돌아온 란다우는 그의 스승처럼 후진을 양성하며 물리학의 불모지와 같았던 러시아에 현대 물리학의 씨앗을 뿌렸다. 보어의 제자라는 것을 언제나 자랑스러워한 란다우가 길러낸 러시아 물리학자들은 세계 물리학계에 뛰어난 업적을 남겼다.

유럽 각국과 캐나다, 미국 등지를 돌며 강연회를 통해 양자 세계를 널리 전파하기 위해 부단히 노력했다.

아인슈타인과 논쟁하다

보어가 과학계에 이름을 알리기 시작할 당시까지만 해도 아인슈타인은 보어를 독특하며 참신한 과학자라고 칭찬해 마지않았다. 그러나 연구에 연구를 거듭하며 속속 발표한 이 젊은 과학자의 양자 역학에 대한 연구 결과 중에는 아인슈타인의 생각과는 다른 이론이 많았다. 드디어 1927년 솔베이 회의라는 외나무다리에서 만난 두 과학자는 유명한 논쟁을 벌이게 되었다.

1927년과 1930년 솔베이 회의에서 양자 역학의 해석을 둘러싸고 보어와 아인슈타인이 벌인 논쟁은 보어의 승리로 끝났다. 보어는 양자 역학에 대한 코펜하겐 해석이라고 부르는 코펜하겐 모임의 생각을 참가자들에게 알려 그들로부터 인정받는 데 성공했다. 두 사람의 논쟁은 파동 방정식의 답인 파동을 해석하는 입장의 차이에서 시작되었다. 아인슈타인은 현재의 조건들을 알면 미래를 정확히 예측할 수 있다는 고전 물리학적인 관점이었던 데 반해, 보어는 우리가 현재 조건을 알고 있다 해도 미래는 예측할 수 없으며 있다 해도 그것은 확률적으로만 가능하다고 했다. 이에 아인슈타인은 전지전능한 신이 만든 이 조화로운 세상의 질서를 어찌 주사위 던지기와 같은 확률 게임으로 생각할 수 있느냐고 보어를 비롯한 양자 역학자들을 공격했다.

솔베이 회의는 유리 및 조미료, 세제, 종이, 고무 제조에 중요한 원료인 탄산나트륨 무수물 제조법인 솔베이법을 이용해 거부가 된 솔베이가 투자하여 개최한 회의다. 그는 이 회의에 당대 최고의 석학들만을 참석자로 초청해 주로 화학과 물리학에 관한 내용을 다루었다. 특히 1927년 회의에는 플랑크, 퀴리 부인, 아인슈타인, 드브로이, 보어 등이 참가해서 그 열기가 더욱 뜨거웠다.

아인슈타인은 퉁명스럽게 말했다.

"보어 씨, 신은 주사위놀이를 하지 않습니다."

"신이 주사위놀이를 하든 말든 당신이 상관할 일이 아닙니다. 신이
왜 주사위놀이를 하는지 한번 생각해보시죠, 아인슈타인 선생님."

보어는 이렇게 답했다.

그렇게 6일 동안 열린 회의 내내 한 사람은 아침마다 양자 역학의 잘못을 보여줄 수 있는 문제를 내 공격했고 한 사람은 밤새워 그 문제를 해결하거나 문제의 논리적 모순을 지적하며 양자 역학 체계를 방어해나갔다. 두 사람의 논쟁은 그렇게 해결되지 않은 채 그 뒤에도 계속되었다.

아인슈타인은 코펜하겐 해석에 대한 불만을 끝내 그냥 넘길 수가 없었다. 1935년 아인슈타인은 포돌스키Boris Podolsky와 로젠Nathan Rosen 그리고 자신의 이름으로 논문을 발표했다. 그들의 이름 첫 자를 따서 EPR이라고 부르는 그 논문을 통해 아인슈타인은 양자 역학 이론이 물리적 실재를 적절하게 설명하기에는 불완전한 이론이라는 것을 보여주려 했다. 아인슈타인도 처음엔

양자 역학 논쟁을 벌이는 보어와 아인슈타인(1927년)

동적인 팽창하는 우주를 생각했다. 하지만 그 스스로 동적인 모형의 우주가 못마땅해 우주 방정식에 우주 상수를 더해 반경이 350억 광년인 정적인 우주 모형으로 고쳤다. 하지만 1929년 허블 Edwin Powell Hubble이 도플러 효과를 이용해 팽창하는 우주 모형의 토대가 되는 허블 법칙을 발견함으로써 동적인 우주 모형이 대세가 되었다. 아인슈타인이 자신의 최대 업적 가운데 하나임에도 끝까지 받아들이지 않은 것은 양자론의 확률적 비결정론적인 입장이었다. 그는 솔베이 회의에서 기상천외한 문제를 제출하여 보어를 비롯한 초기 양자 역학 개척자들을 혹독하게 훈련했다고

할 수 있다.

슈뢰딩거도 그 해석에 불만을 가지기는 마찬가지였다. 그도 양자 역학의 비인과성과 에너지 준위 사이에서 급작스레 한순간에 뛰어오르거나 뛰어내리는 양자 도약에 강한 이의를 제기했다. 잘 알려진 슈뢰딩거의 고양이 문제도 양자 역학의 불완전함을 보여주려는 의도에서 제출한 것이었다. 슈뢰딩거의 고양이 문제는 관측에 의해 결과가 달라지는 것을 골자로 한 가상 상황이다. 고양이 한 마리와 독약 통을 상자에 넣는다. 상자 안에는 성공률 50퍼센트의 독약 통 파괴 장치가 한 시간 주기로 작동되고 있다. 만약 독약 통 파괴 장치가 성공적으로 작동한다면 독약이 퍼져 고양이는 죽을 것이고, 반대로 실패한다면 고양이는 살 수 있다. 죽느냐 사느

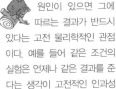

원인이 있으면 그에 따르는 결과가 반드시 있다는 고전 물리학적인 관점이다. 예를 들어 같은 조건의 실험은 언제나 같은 결과를 준다는 생각이 고전적인 인과성인데, 양자 역학에서는 비록 같은 조건이라 하더라도 그 결과가 같을지 확정지을 수 없다.

슈뢰딩거의 고양이 문제

냐 하는 기로에 선 고양이는 한 시간 후에 어떻게 될까? 이에 대해 고전 물리학과 양자 역학은 입장이 다르다. 고전 물리학에서는 죽거나 살거나 둘 중 하나로 결과는 이미 결정되어 있다는 입장인 반면, 양자 역학자들은 상자 안의 고양이는 50퍼센트는 살아 있고 50퍼센트는 죽어 있으며 그것을 우리 눈으로 확인했을 때만 결과가 결정된다고 본다. 즉 결과에 대해 고전 물리학에서는 결정론적인 입장을, 양자 역학에서는 비결정론적인 입장을 취한다.

이렇듯 플랑크, 아인슈타인, 슈뢰딩거 등 양자 역학의 창안자나 그 공헌자들과의 논쟁을 거치며 양자 역학은 오늘날의 완전한 체계를 갖추게 되었다. 그런 의미에서 양자 역학 체계를 수호하고 전파하려는 보어를 가장 힘들게 했던 아인슈타인이야말로 본인의 의지와는 상관없이 양자 체계 확립에 가장 큰 역할을 했다고 볼 수 있다.

4. 불확정성의 시대

두 마리 토끼를 동시에 잡을 수는 없다 — 불확정성 원리

1927년 하이젠베르크는 양자 역학의 상징이라 할 수 있는 불확정성 원리를 발표했다. 뉴턴 역학에서는 물체의 위치와 그때의 운

고전 역학과 달리 알갱이의 위치와 그에 대응하는 운동량은 동시에 정확하게 측정할 수 없다. 이는 측정자나 측정 도구의 문제가 아니라 미시 세계의 특성에서 오는 어쩔 수 없는 결과라는 것이 불확정성 원리다.

동량을 재는 데 아무런 제약이 없다. 원리적으로는 얼마든지 정확하게 잴 수 있다. 만일 오차가 있다면 그것은 재는 사람 또는 장비의 잘못 때문일 뿐이다. 하지만 양자 역학에서는 아무리 완벽한 대가가 완벽한 장비를 사용한다 해도 근본적으로 동시에 상보적인 두 물리량을 정확히 재는 데는 한계가 있다고 주장한다.

양자 세계에서 불확정성의 본질은 재는 사람이나 장비와 같이 재는 행위와 관련된 것에서 비롯되는 것이 아니라 양자 세계 그 자체가 가진 고유의 성질에 기인한다. 즉 미시 세계의 이중적인 행동의 특성에서 그 이유를 찾을 수 있다. 알갱이의 성질과 파동의 성질을 모두 가진 물질의 이중적 특성 때문에 동시에 상보적인 두 개의 물리량을 재는 데는 어쩔 수 없는 한계가 있다.

물리량 가운데 서로 상보적인 짝을 이루는 것으로는 물체의 위치와 운동량(또는 에너지와 시간)이 있다. 물체의 위치와 운동량은 물체의 상태를 나타내는 독립적인 물리량이다. 동시에 어느 물체의 위치와 운동량을 잰다고 하자. 이때 아무리 오차를 줄이려 노력해도 측정을 통해 위치를 결정하는 순간 운동량이 변하고, 운동량을 결정하는 순간 위치가 변하게 마련이다. 따라서 완벽한 측정은 불가능하다.

상보성 원리

하이젠베르크가 불확정성 원리를 발표한 그해 보어도 상보성 원리를 제안한다. 고전 물리학에서는 서로 독립적인 위치와 운동량이라는 물리량이 양자 역학에서는 서로 보완적으로 되어 양자 상태를 이해할 수 있게 해준다. 상보성 원리는 양자 세계의 특징인 이중성을 이해하려는 양자 역학의 개념으로, 물체의 상태는 서로 배타적이지만 보완적인 물리량을 통해 나타나게 된다.

양자 세계의 이중성은 고전 물리학에서 두 물리량 사이의 배타적인 성격으로는 이해할 수 없는 상호 보완적인 성질을 가리킨다. 알갱이 성질과 파동 성질은 양자 세계를 이해하는 데 서로 배타적으로 작용하는 것이 아니라 오히려 상호 보완적으로 작용하여 양자 상태를 이해할 수 있게 해준다.

불확정성 원리가 수학적 표현인 데 반해 상보성 원리는 철학적 표현이다. 불확정성의 원리는 수학적으로 증명된 표현으로 그 내용은 물체의 위치와 운동량으로 나타난다. 이 두 물리량의 불확정성의 곱은 어떤 상수보다 커야 하는데, 만약 위치의 크기가 정해져 그 불확정성이 0이 되면, 어떤 상수보다 커야 한다는 조건을 만족하기 위해 운동량의 불확정성은 한없이 커지므로 그 값을 정할 수 없다. 반면 상보성 원리는 추상적인 개념에서 나온 표현으로, 고전 역학에서는 서로 배타적인 파동성과 알갱이 성질이 미시 세계인 양자 세계에서는 하나의 대상에 상호 보완적으로 공존하기 때문에 그 대상을 이해하기 위해서는 서로 배타적인 두 가지 물리량을 모두 사용해야 한다는 원리다. 이것은 현상을 수식으로 표현한 것이 아니라, (고대 그리스 철학자들처럼) 분석적인 시각으로 명제화했기 때문에 철학적인 표현이라 할 수 있다.

이 두 원리로 인해 양자 세계의 이중성에 대한 해석이 가능해졌고 오늘날 코펜하겐 해석이라고 불리는 양자 세계에 대한 모범

답안이 나옴으로써 양자 세계의 보편화를 이루게 되었다. 코펜하겐 해석은 결과에 대한 확률론적 해석, 대응 원리, 상보성의 원리가 주를 이룬다. 당시는 양자 역학을 연구하기 시작한 초기 단계라 이론적으로 완전하지는 않았지만, 플랑크에서 시작된 양자 물리라는 새로운 학문을 이론적으로 체계화함으로써 훗날 많은 물리학자에게 연구의 화두를 던져주었다는 점에서 그 의의가 대단하다고 할 수 있다. 이런 코펜하겐 해석은 보어라는 양자 물리계의 거목에 그의 쟁쟁한 제자들이라는 거름이 더해졌기에 가능했던 것이다.

이제까지의 여러 양자 현상에 대한 설명과 더불어 고전 현상에서는 볼 수 없는 새로운 양자 현상으로 배타 원리가 지배하는 현상이 있다. 이제 그 원리에 대해 알아보자.

배타 원리

파울리(1900~1958)는 스핀의 개념이 도입되기 전인 1925년 배타 원리를 발표해 원자 구조를 이해하는 데 큰 도움을 주었다. 이는 여러 개의 전자를 가진 원자에 주양자수·각운동량 양자수·자기 양자수·스핀 양자수가 같은 두 개 이상의 전자가 동시에 들어갈 수 없다는 것이다. 이는 처음에는 주기율표의 원소의 주기적 성질과 비정상 제만Pieter Zeeman 효과를 설명하려고 간단하게 생각해낸 것이지만 일반적인 원리로 발전하게 되었다.

파울리의 배타 원리가 적용되는 것들은 전자, 양성자 그리고 중성자 등의 물질들로 페르미Enrich Fermi와 디랙의 통계를 따르

빛을 강한 자기마당에 통과시켜 그 빛띠 선을 조사했을 때 선이 여러 개로 갈라지는 현상을 제만 효과라 하며, 빛띠 선이 좀 더 복잡한 경우를 비정상 제만 효과라고 한다. 이 현상은 원자의 에너지 준위와 그에 대응되는 빛띠 선들이 자기마당의 영향을 받기 때문인데, 에너지의 크기는 전자가 가진 각운동량 방향에 의한 자기 양자수의 값에 따라 달라지므로 각운동량 양자화에 대한 실험적 증거가 된다.

볼프강 파울리

기 때문에 페르미온이라 한다. 배타 원리가 적용되지 않는 것들은 광양자, 포논 그리고 마그논 등으로 보스Satyendra Nath Bose 와 아인슈타인의 통계를 따르기에 보존이라고 한다.

파울리의 배타 원리에 의해 스핀이라는 개념이 탄생했고, 스핀을 바탕으로 원자핵 주위의 전자가 어떻게 배치되는지 알 수 있었다. 즉 배타 원리에 의해 원자가 가진 여러 가지 성질들을 이론적으로 체계화한 것으로, 배타 원리는 공간이 어떤 식으로 양자화되어 있는지를 알 수 있게 도와준다. 이것을 이용해 원자의 전자 배치가 어떤 식으로 이루어지는가를 파악할 수 있었는데, 그이유는 전자가 양자화 조건을 만족하도록 배치되어야 하기 때문이다. 훗날 보어도 배타 원리를 이용해 원자번호 1번인 수소부터 92번인 우라늄까지 원자의 전자 배치도를 완성할 수 있었다. 이것은 주기율표에 나타난 원소들의 성질들(예를 들어 족은 바깥 껍질 전자 수, 주기는 전자 껍질 수)을 배타 원리로 설명할 수 있음을 뜻한다. 아울러 이 배타 원리를 이용해 그전에 발표된 금속의 전기 전도도와 비열 등에 관한 잘못된 이론들을 수정할 수 있었다.

5. 양자의 세계—예측할 수 없는 이상한 일

미시 세계를 묘사할 때 거시 세계의 용어를 습관처럼 별생각 없이 쓸 때가 왕왕 있다. 미시 세계를 제대로 표현할 수 있는 언어를 갖지 못한 상황에서 그럴 수밖에 없지 않느냐는 상황 논리를 펴며 말이다. 하지만 전자가 핵 주위를 도는 것을 태양 주위를 지구가 공전하는 것으로, 전자의 스핀을 지구가 자전하는 것으로 각각 설명하는 것은 꿈속의 경험과 현실 속의 경험을 같은 기준으로 생각하는 것에 비유할 수 있다.

양자 세계는 우리가 경험하는 세계와 분명 다르다. 양자 세계는 예측할 수 있는 거시 세계와는 전혀 달리 예측한다는 것이 무의미하며 할 수 있다 해도 확률적으로만 가능하다. 불확정 원리가 지배하는 양자 세계는 우리 실생활과는 다른 세계인 것이다.

결정론과 확률론

뉴턴 역학은 결정론이다. 물체에 작용한 힘과 그 질량만 알면 물체의 모든 운동 상태를 결정할 수 있기 때문이다. 고전 물리학에서 질량은 일정하게 보존된다고 생각했으므로 물체에 힘이 작용하면 물체는 힘에 비례하고 질량에는 반비례하는 가속도 운동을 하게 된다. 작용된 힘과 물체의 질량을 알기 때문에 가속도가 결정되고, 가속도를 시간에 따라 적분하면 속도를 구할 수 있는 것이다. 그리고 그 속도를 또 한 번 시간에 따라 적분하면 물체의 위치를 구할 수 있다. 즉 물체의 운동 상태에 대한 정보를 모두 얻을 수 있는 것이다. 속도에서 운동에너지를 구하고 이동한 위치에서 위치에너지를 구하는 것은 단순한 계산일 뿐이다. 그러므로 뉴턴 역학을 결정론적 체계라고 한다.

이에 반해 양자 역학은 통계적 확률로 해석해야 의미를 가진다.

파동 방정식의 해인 파동 함수에 대한 보른의 해석은 전자의 파동함수를 제곱한 것은 전자를 발견할 확률 밀도라는 것이다. 함수 자체가 전자를 의미하는 것이 아니며 그 함수를 제곱한 것은 공간에 전자가 있을 확률 밀도이므로 그것을 전 공간으로 적분하면 값이 1이 된다. 그러므로 전자는 어디에 있다 없다로 말할 수 있는 것이 아니라 전자가 있을 확률이 크다 작다로 말해야 한다. 관심 가진 물리량이 앞으로 어떻게 변할지 확정적으로 말할 수 없는 대신에 어떻게 될 확률이 가장 크다는 식으로 이야기할 수밖에 없다.

세계를 어디까지 측정할 수 있을까

뉴턴 역학에서는 재고자 하는 물리량은 얼마든지 정확히 잴 수 있고, 해결하고자 하는 문제는 다 해결할 수 있다. 여러 물체의 문제가 아닌 이상 기본적으로 풀지 못할 문제는 없다는 것이 뉴턴 역학의 입장이다.

양자 역학은 전혀 다른 입장이다. 재고자 하는 두 개의 물리량을 동시에 재는 데는 그것이 상보적일 경우 어쩔 수 없는 불확정성을 가질 수밖에 없다. 한 물체의 문제라 하더라도 정확한 해를 구하는 것은 확률적으로만 가능하다.

뉴턴 역학에서는 재는 자의 의도나 그 행위가 측정 결과에 영향을 미칠 수 없다. 하지만 양자 역학에서는 재는 행위뿐만 아니라 그 생각마저도 측정 결과에 영향을 미친다. 전자가 어느 상태에 가장 높은 확률로 있다는 것은 재는 행위까지 포함된 여러 영향의 결과로 인해 전자에게 가능한 수많은 상태 가운데 그 상태로 나타날 확률을 뜻한다.

잴 수 있는 물리량을 재는 그 순간 여러 가능한 상태 가운데 있던 물리량은 갑자기 그 상태를 나타내는 파동 함수로 될 확률이 가장 높기 때문에 그 파동 함수로 나타난다. 물론 이 확률이 100퍼센트는 아니다. 그렇기 때문에 다음번에 잴 때는 다른 가능한 상태 가운데 가장 높은 확률의 상태로 나타날 것이다. 지금의 나는 여기에 있을 확률이 가장 높아 여기에 있을 뿐이다. 나의 위치를 잰 다음에 내가 어디에 있을지는 확률적으로밖에 말할 수 없다. 물론 여기에 있을 확률도 있지만 또다시 여기에 있을 확률보다는 다른 곳에 있을 확률이 더 높기 때문에 다른 곳에 있다고 나타날지도 모르는 것이다.

굴 뚫기—터널링

양자 현상 가운데 고전 물리학에서는 불가능한 것으로 굴 뚫기가 있다. 물체의 총에너지보다 더 큰 값의 퍼텐셜 우물이나 벽으로 갇혀 있을 경우에도 물체는 장애물 너머에 있을 확률이 비록 작은 값이지만 있다. 물체가 알갱이 성질과 함께 가진 파동 성질의 위력이 나타나는 양자 효과 때문에 가능한 것이다.

고전 물리학에서는 운동에너지를 가지고 이동하는 물체가 높은 언덕을 올라갈 때 언덕의 높이가 얼마 이상이 되면 언덕을 넘어갈 수 없기 때문에 언덕 건너편에서는 그 물체를 관찰할 수 없다. 하지만 양자의 세계에서는 그런 조건하에서도 알갱이를 관찰할 경

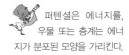
퍼텐셜은 에너지를, 우물 또는 층계는 에너지가 분포된 모양을 가리킨다.

우가 있는데 이런 현상이 꼭 알갱이가 에너지 산(혹은 장벽) 밑에
굴(터널)을 뚫고 건너편으로 간 것 같다고 해서 굴 뚫기(터널링)
라고 이름 붙여졌다.

다른 경우로 퍼텐셜 층계 또는 혹처럼 살짝 솟은 모양의 퍼텐셜
일 때도 불가능한 일이 일어난다. 이때는 굴 뚫기보다는 양자 도
약으로 많이 설명한다.

이처럼 20세기의 혁명과 같은 양자 역학의 시작은 전자기학의

완성으로 고전 물리학이 완전한 틀을 갖추어 더 이상 할 것이 없다고 생각할 때 조용히 태동하고 있었다. 이 장의 첫머리에서 살펴보았듯 20세기를 시작하는 해의 마지막 달, 학문적으로 완전히 석양에 이른 지극히 평범한 플랑크에 의해 양자 역학은 시작되었다. 양자 역학은 현대 철학을 비롯한 많은 학문 세계에 지각 변동과 같은 영향을 미쳤고, 오늘날 인류가 누리는 문명적인 혜택이 가능하게 했다. 한편 양자 역학과 더불어 현대 물리학의 양대 기둥인 상대론이 비슷한 시기에 세상에 나올 준비를 하고 있었는데, 그 중심 인물은 바로 아인슈타인이라는 거인이었다.

우주의 기본 알갱이, 쿼크

그리스 시대부터 '우주는 무엇으로 이루어져 있을까' 라는 문제를 놓고 많은 주장이 있었다. 그 가운데 데모크리토스Democritus는 우주의 기본 알갱이로 더 이상 깨지지 않는 알갱이라는 뜻인 원자atom를 생각했고, 아리스토텔레스는 물질의 성질을 나타내기 위해서는 4개의 기본 원소가 있어야 한다고 생각하여 흙, 물, 공기, 불이 그것이라고 주장했다.

화학의 발전과 함께 여러 원소가 발견됨에 따라 라부아지에 시절에는 물질을 이루는 기본 원소로 여겨지는 것들이 수십여 종에 이르게 되었다. 1803년 돌턴John Dalton은 이들 원소에 대한 기본 알갱이로 데모크리토스의 막연한 개념인 원자가 아니라 구체적으로 실재하는 원자를 생각해 원자설을 주장했다. 하지만 1897년 전자가 발견된 이래 1911년 원자핵이 발견되고 이어서 양성자가, 그리고 1932년에 중성자와 양전자 등이 발견되면서 원자가 핵과 전자로 나뉘고 다시 핵은 양성자와 중성자로 나뉜다는 것이 밝혀졌다. 이로써 원자설은 설득력을 잃었다.

가속기가 발전함에 따라 1950년대부터 수백여 종의 소립자가 발견되었다. 그리하여 이들을 설명할 새로운 이론이 필요하게 되었는데, 마침내 1961년 겔만Murray Gell-Mann은 팔중도 모형(많은 소립자들은 8개로 이루어진 조로

편성할 수 있다. 그것은 육각형의 각 꼭짓점에 6개의 소립자가, 그리고 가운데 나머지 소립자가 자리한다. 겔만은 이 팔중도 모형을 이용해 훗날 실제로 발견된 크사이·오메가마이너스 입자등을 예언했다)으로 많은 소립자를 설명할 수 있었을 뿐만 아니라 새로운 소립자의 존재를 예측할 수 있었다. 그리고 1964년에는 이들이 궁극의 알갱이인 쿼크라는 것으로 이루어진다는 이론을 발표했다.

겔만과 츠바이히George Zweig가 처음 생각한 쿼크는 업, 다운, 스트레인지의 3가지 종류만 있었으나 엄밀히는 업, 다운, 스트레인지, 참, 톱 그리고 보텀(쿼크를 나타내는 특성의 값에 따라 쿼크를 분류하여 각각 붙인 이름)이라는 6가지의 종류가 있다. 물질을 이루는 기본 단위의 구성자로서 쿼크는 반쿼크와의 복합적인 조합으로 알갱이들이 이룬다. 가속기의 출력이 증가함에 따라 새로운 알갱이들이 계속 발견됨으로써 쿼크의 수도 증가했고, 마침내 1994년 톱 쿼크가 발견되어 여섯 종의 쿼크가 모두 발견되었다.

우주의 기본 알갱이를 찾기 위한 서구 과학의 자세는 알갱이를 계속하여 나누는 것이다. 그래서 분자에서 원자를, 원자에서 핵과 전자를, 다시 핵에서 양성자와 중성자를, 또다시 양성자에서 두 개의 업 쿼크와 한 개의 다운 쿼크를…… 그렇다면 다시 업 쿼크에서 무엇이 나올까? 현재의 가속기 출력으로는 여기까지지만 앞으로는 어떻게 될지 모를 일이다.

제6장

아인슈타인의 상대론
—시공의 세계를 열다

뉴턴 역학에서 공간을 뛰어넘는 절대적 우월성을 가진 시간은 아인슈타인에 의해 공간과 같은 존재로 취급돼 그 절대성이 무너졌다. 시간과 공간time and space이 아닌 시공간time-space의 세계가 펼쳐진 것이다. 이제 시간 대신 광속도 C가 시공간을 초월하는 절대성을 갖게 되었다. 처음에 등속으로 운동하는 계 사이의 관계에 대한 특수 상대론으로 시작된 아인슈타인의 생각은 십 년 뒤 등가속도로 운동하는 한층 일반화된 계 사이의 관계에 대한 일반 상대론으로 심화된다.

이 장에서는 아인슈타인에 의해 정립된 상대론을 중심으로 그 이론이 나오기까지의 상황과 그 이론의 영향을 알아보겠다.

1. 에테르, 허상이 깨지다

혹과 호이겐스에 의해 빛에 대한 파동설이 제창된 이래 빛의 매질로 생각해온 것이 에테르였다. 하지만 수면파나 음파의 매질인 물이나 공기와 달리 에테르는 그 존재나 특성이 명확하게 밝혀지지 않은 채 빛에 대한 새로운 특성이 발견될 때마다 그에 대한 생각도 바뀌어왔다.

에테르는 맑고 투명하며 탄성이 강하지만 매우 희박한 밀도로 우주 공간을 채우고 있다고 여겨진 기기묘묘한 가상의 물질이다. 우주를 채우고 있지만 운동하는 물체의 운동에 전혀 저항을 주지 않는 물질, 과연 이처럼 신비한 물질은 정지해 있을까 아니면 운동하는 물체와 함께 운동하고 있을까?

빛의 파동성 확립에 큰 기여를 한 프레넬은 계절에 따른 별의 겉보기 위치 변화를 통해 절대 정지의 정적인 에테르를 생각해냈다. 프레넬의 정적인 에테르는 물속에서 빛의 속도를 측정한 피조의 실험으로 지지를 받았다. 반면 스토크스George Gabriel Stokes와 헤르츠는 절대적으로 정지해 있다는 에테르의 기묘함에 이의를 제기하며 동적인 에테르를 제안했는데 실험으로 증명하지는 못했다.

에테르— 신비함에서 허상으로

정적인 에테르의 모형으로 많은 사실을 성공적으로 설명할 수 있게 되자 여러 학자는 지구 운동에 의한 에테르의 영향을 확인하는 실험을 통해 에테르의 특징을 규명하고자 했다. 4장에서도 보앉듯 1887년 미국의 화학자이며 물리학자인 마이컬슨과 몰리는 정밀한 간섭 실험을 통해 에테르의 존재로 인한 영향을 검증하려 했지만 부정적인 결과만 얻었다. 계절과 장소를 바꿔가며 여러 번 실험했으나 에테르는 전혀 감지할 수 없었고, 더 이상 에테르라는 물질은 없는 것으로, 즉 존재하는 물질이 아닌 것으로 확증하게 되었다.

존재하지도 않는 가상의 물질을 몇 세기에 걸쳐 연구하고 갑론을박했지만 그토록 검증하려 했던 에테르는 결국 존재하지 않는 허상임이 확인되었다. 하지만 잃기만 한 것은 아니다. 그만큼 얻은 것도 컸다. 지구 운동과는 상관없이 빛 속력은 일정하다는 사실, 즉 광속도는 불변한다는 사실을 알게 된 것이다. 빛의 속력이 일정함은 어느 관측계의 상태와도 무관하다는 것을 의미하므로 그 속력은 상대적으로 변하지 않는 불변의 절대성을 가진다. 에테르는 더 이상 존재하지 않지만 빛의 속력이 일정하다는 것을 알게 된 것이다.

1607년 갈릴레이는 빛의 속력을 재려고 시도했지만 실패했다. 멀리 떨어진 언덕 위에서 램프 불을 깜박거리는 신호를 주고받으며 재기에는 빛의 속력이 너무나 빨랐기 때문에 그는 빛이 무한대로 빠르다고 생각했다. 빛의 속력이 빠르기는 하지만 무한대가 아니라는 것을 처음 밝히고 계산한 사람은 뢰머였다. 1675년 뢰머는 목성의 위성인 이오의 월식이 지구와 목성 사이의 거리에 따라 차이가 나는 것은 빛의 속력이 유한하기 때문이라고 설명하고 그 속력을 계산했다.

2. 1905년—아인슈타인, 혜성같이 나타나다

2005년은 유엔이 정한 세계 물리의 해였다. 1905년 아인슈타인(1879~1955)이 상대성 이론을 담은 논문을 발표한 100주년을 기념해 그의 업적을 기리려는 뜻에서 정한 것이다. 그만큼 그해에 아인슈타인이 이루어낸 일은 과학의 역사뿐만 아니라 전 세계인

알베르트 아인슈타인

의 생활과 사고에 엄청난 영향을 미쳤다. 과학에 아무 관심이 없어도 개성 넘치는 머리 스타일의 아인슈타인이 뇌세포의 몇 퍼센트를 썼는가 하는 이야기를 한 번쯤은 들어보았을 것이다. 1905년은 그런 세기의 거인 아인슈타인이 아무도 주의하지 않은 곳에서 조용히 자신의 존재를 세상에 알린 해였다.

1905년의 세 가지 큰 일

학창 시절 아인슈타인은 에디슨 같은 천재의 어린 시절이 그랬듯 학교생활에 잘 적응하지 못하는 별난 아이였다. 수업을 빼먹고 혼자 물리학을 공부한다든가 바이올린을 연주하는 등 성실하다고 할 수 없는 학생이었다. 수학과 과학 분야에서는 어른들도 깜짝 놀랄 만큼의 실력을 보여주었으나 어학 등 암기 과목에서는 성적이 엉망이었다. 대학에서도 이런 면은 마찬가지였기에 교수들은 그에게 별 기대를 하지 않았고 결국 졸업 후 대학의 연구원으로 남으려는 그를 받아준 교수는 없었다.

1900년, 대학을 졸업한 아인슈타인은 가정교사 등으로 일하며 어렵게 생활하다가 친지들의 도움으로 스위스 특허청에 취직해 7년 동안 근무하게 된다. 특허청에서 아인슈타인은 많은 연구를 할 수 있었는데, 그의 연구는 주로 실험보다는 사색을 통해 이루어졌기 때문에 업무 중에도 다양한 과학적 사고를 풀어낼 수 있었다. 더구나 특허청은 여러 독창적인 아이디어를 접할 수 있는 곳이었기에 그의 연구에 큰 도움이 되었다. 그러던 1905년, 26세의 아인슈타인의 삶은 완전히 달라졌다.

그해에 그는 특수 상대성 이론, 광전 효과, 브라운 운동 이론 등에 관한 논문을 발표했는데 이 논문들은 모두 과학계의 큰 관심을 끌었다.

우선 아인슈타인은 1905년에 발표한 브라운 운동에 대한 논문에서 불규칙한 운동이 분자 운동에 의한 것임을 설명했다. 1827년 식물학자 브라운Robert Brown이 물에 떠 있는 꽃가루의 불규칙한 운동을 보고한 브라운 알갱이(꽃가루)의 운동은 브라운이 생각한 것처럼 생명체의 생명 현상이 아니라 꽃가루가 떠 있는 물 분자들의 열에 의한 분자 운동 때문에 생기는 물리 현상이었다. 아인슈타인의 브라운 운동에 관한 논문은 당시 불규칙 운동의 원동력이 물 분자 등의 운동에 의한 것이라는 사실을 온도 · 질량 · 저항계수 등을 이용해 수식으로 보임으로써 불규칙 운동을 일반화한 것이었다.

두 번째로 아인슈타인은 빛을 광양자라는 것으로 생각해 광전효과가 어떻게 일어나는지 설명했다. 앞서 5장에서 설명했듯 빛

아인슈타인하면 가장 먼저 떠오르는 것이 그의 상대성 이론이다. 그래서 사람들은 아인슈타인에게 노벨상 수상의 영예를 안겨준 것이 그의 상대성 이론일 것이라고 생각한다. 그러나 그에게 노벨 물리학상의 영광을 가져다준 것은 상대성 이론이 아니라 광전 효과에 대한 연구였다.

스위스 베른의 아인슈타인 하우스. 특허청 직원으로 있을 때 3년(1903~1905)간 이 건물 2층에서 생활했다

이 에너지의 덩어리로 양자화되어 있다고 생각해 광전 효과를 설명한 것으로, 빛이 파동이 아니라 광양자라는 알갱이라는, 즉 빛의 알갱이설을 다시금 주장했다.

마지막으로 가장 중요한 것이 상대성 이론이다. 아인슈타인은 특수 상대론에서 시간의 절대성을 포기한 대신 빛 속력의 불변함을 받아들였다. 시간과 공간이라는 표현에서부터 공간을 초월한 절대적 지위에 있던 시간이 이제는 공간과 같은 차원으로서 공간과 함께 시공간을 만드는 위치로 그 지위가 바뀌었다. 시간이 누리던 지위를 빛 속력이 차지하여 빛 속력은 어떤 등속 운동에도 무관하게 변하지 않고 일정한 절대성을 지니게 된 것이다.

불규칙한 분자 운동을 수학적으로 규명한 브라운 운동, 시간과 공간의 세계를 시공간의 세계로 바꾼 상대성 이론, 그리고 새로운

시간은 3차원의 어느 공간에서도 똑같이 나타나는, 그래서 공간을 초월한 절대성을 지닌다. 이를테면 기차역에 서 있는 사람이나 그 역을 지나 등속으로 운동하는 기차 안에 있는 사람이나 시간을 잰다면 두 사람은 공간에 관계없이 같은 시간에 있다.

미시 세계의 존재를 알게 해준 광전 효과에 대한 아인슈타인의 설
명은 그 하나하나가 새로운 현상과 체계의 변화를 가져온 중대한
사건이었다. 그렇다면 근대 과학을 이끌어온 뉴턴 역학 체계는 이
제 생명력을 다한 것인가? 하지만 뉴턴 역학 체계는 거시 세계에
사는 우리들에게 여전히 유효하며 그 영향력은 전혀 변화가 없다.
오늘도 우리의 예측대로 해는 뜨고 지며, 인공위성은 그 자리를
잘 돌고 있다. 그 이유는 무엇일까.

물러나지 않는 뉴턴 역학의 힘
근대 과학을 이끌어온 뉴턴의 역학 체계는 20세기 들어 심각한

도전을 받았다. 한쪽은 미시 세계로부터이고 또 한쪽은 빛 속력에 버금가게 빨리 운동하는 세계로부터였다. 수세기 동안 우주의 질서를 완전하게 지배해오던 뉴턴 역학의 철옹성 같은 체계에 균열이 생기기 시작한 것이다.

이제 뉴턴 역학의 미시 세계는 불확정성이 지배하는 양자 역학에, 운동 속도가 빛 속력에 버금가게 빨리 운동하는 세계는 아인슈타인의 상대론에 각각 그 지배권을 넘겨주어야만 했다. 하지만 비록 그 지배 영역이 줄었다고는 해도 일상에서 경험하는 뉴턴 역학 체계는 여전히 견고하게 삼라만상을 지배하고 있다. 우리가 살고 있는 세계는 거시 세계며 우리가 경험하는 속도는 빛 속력에 비하면 무시할 수 있을 만큼 느린 세계이므로 뉴턴은 아직도 생생하게 살아 있는 전설이 될 수 있다.

그렇다면 과연 아인슈타인의 발견은 우리의 일상생활에 영향을 미치지 못했다고 볼 수 있을까?

3. 특수 상대론―신세계와 신사고

아인슈타인은 두 가지 조건 아래 특수 상대론을 전개했다. 첫째는 빛 속력이 관측하는 틀에 관계없이 일정하다는 것이고, 둘째는 관측하는 틀이 상호 등속으로 운동할 때 물리 법칙은 동일하게 적용된다는 것이다.

첫째 조건은 마이컬슨과 몰리의 실험에서 보여준 것이었다. 그들은 에테르의 존재를 검증하려는 의도와는 달리 그 존재를 부정하고 빛 속력이 일정하다는 결론을 얻었다. 아인슈타인은 자신의 논문에서 그들의 실험을 언급하지 않았지만 그 결과를 알고 있었다는 상황 증거는 곳곳에서 발견할 수 있다. 그가 그 결과를 알았는지 몰랐는지는 중요하지 않다. 중요한 것은 그가 광속도가 일정하다는 이론을 과감하게 채택했다는 사실이다.

그는 특수 상대론을 전개하는 데 빛 속력의 일정함을 가정했고 운동하는 틀과 틀이 서로에 대해 같은 속도로 운동한다면 한 틀에서 적용되는 물리 법칙은 다른 틀에서도 같은 조건에서 똑같게 적용되어야 한다고 가정했다. 이러한 특수 상대론의 여러 가지 효과를 구체적 예를 통해 알아보자.

특수 상대론 효과 1—최 반장과 길 반장

대한민국 특수수사대의 최부람 반장과 미국 CSI의 길 반장은 한국과 미국을 오가며 사건을 저지른 순악질 범인 오노우를 검거하기 위해 준광속으로 달리는 은하철도 990을 타려고 화성 역에 서 있다. 정보에 의하면 범인 오노우가 은하철도 990호를 타고 있다는 것이다. 드디어 열차가 플랫폼에 도착하고 길 반장은 바람처럼 기차에 올랐다. 우리의 최 반장도 플랫폼에 김 순경을 남겨두고 기차에 올랐다. 열차가 다시 출발해 막 화성 역을 벗어나려는 순간 "슈잇! 슈잇!" 하며 광선총의 빛살이 공중을 가로질렀고 곧이어 화성 역에서 좀 떨어진 거리를 달리고 있던 한 사람이 쓰러졌다.

쓰러진 사람은 범인 오노우였다. 오노우는 광선총의 빛살을 팔과 다리에 맞는 중상을 입어 쓰러졌다. 마침내 몇 년 동안을 끌어온 사건이 해결되는 순간이었다. 하지만 문제가 생겼다. 광선총을 쏜 것은 김 순경과 길 반장이었는데, 누구의 광선총이 먼저 범인을 맞혔는가를 가려야 했기 때문이다. 공교롭게도 우리의 김 순경과 미국의 길 반장이 사용한 광선총은 모두 같은 마데 전자 제품이었다. 김 순경이 광선총을 쏘는 순간 열차에 탑승한 길 반장도 화성 역 플랫폼 끝에 있던 김 순경 위치의 연장선상을 막 통과하며 광선총을 발사한 것이다. 즉 범인으로부터 똑같은 거리에서 광선총이 발사되었다. 길 반장이 총을 발사하는 순간 은하철도 990은 0.2C의 속력으로 범인을 향해 달리고 있었다.

아인슈타인의 상대성 이론을 모르는 길 반장은 자신이 발사한 빛살이 먼저 오노우의 팔에 중상을 입게 했으니 당연히 자신의 공이라고 주장했다. 그는 갈릴레이 변환에 근거해 자신의 주장을 펼쳤다. 즉 범인과의 거리는 두 사람 모두 같지만 자신의 광선총에서 발사된 빛살은 광속 1C에다 990호의 속력 0.2C를 합한 것이므로 1.2C의 속력으로 날아갔고, 화성 역 플랫폼에서 발사한 김 순경의 빛살은 광속 그대로인 1C로 날아갔으므로 범인은 당연히 자신이 쏜 빛살에 의해 먼저 부상을 당했다는 것이다.

김 순경 역시 아인슈타인의 상대성 이론을 몰랐기 때문에 길 반장의 의견에 동의했다. 길 반장은 내외신 기자들의 카메라 플래시 세례를 받으며 범인 검거의 기쁨을 만끽했다.

하지만 그의 기쁨은 잠시뿐이었다. 우리의 최 반장은 아인슈타인의 상대성 이론을 알고 있었던 것이다. 최 반장은 두 사람이 쏜 광선총의 빛살은 운동 상태와 상관없이 둘 다 1C로 날아갔다고 주장했다. 거리도 같고 운동하는 열차에 타고 있든 기차역에 정지해 있든 상관없이 광선총의 빛살은 1C로 날아갔으므로 두 사람이 쏜 빛살은 동시에 범인을 맞혔다는 것이다. 그렇다면 범인 검거에 더 효과적인 상처를 입힌 것이 어느 빛살이냐로 판단해야 하는데 달리고 있던 범인을 쓰러지게 한 것은 길 반장의 총이 아니라 다

리를 맞혀 달릴 수 없게 한 김 순경이 쏜 빛살에 의해서므로 당연히 공은 김 순경에게 돌아가야 한다는 것이다.

그리하여 한미 양국은 미궁에 빠진 범죄를 해결했다. 하마터면 미국의 길 반장에게 빼앗길 뻔한 범인 검거의 공을 최 반장이 멋지게 반전할 수 있게 된 것은 아인슈타인의 상대론을 알았기 때문이었다는 이야기는 한미 양국의 수사관들에게 '아인슈타인의 상대론을 알면 범인 검거의 훈장이 보인다' 라는 교훈으로 전해온다고 한다.

특수 상대론 효과 2—영이와 철수의 자와 시계

영이와 철수는 아인슈타인의 특수 상대론 효과를 직접 체험하기 위해 우리의 자랑스러운 준광속 우주선 빛나라 1, 2호에 각각 탑승했다. 그들은 모든 것이 똑같은 길이 1미터의 줄자, 시계 그리고 망원경을 준비했다. 우주를 비행하며 약속된 곳에서 서로의 줄자와 시계를 망원경으로 관측할 예정이었다. 우주선 빛나라 1호와 2호가 같은 방향으로 약속된 곳을 지나갈 때 그 진행 방향에 직각인 같은 연장선 위를 나란히 동시에 지나는 순간, 빛나라 1, 2호는 각각 0.86C와 0.56C의 속력으로 비행하고 있었다.

이때 영이는 철수의 줄자와 시계를 관측했고, 동시에 철수는 영이의 줄자와 시계를 관측했다. 영이는 철수의 줄자가 자신의 것보다 짧으며 시계는 자신의 것보다 천천히 간다는 것을 확인하고 그 사실을 철수에게 알렸다. 하지만 철수는 그렇지 않다고 대답했다. 오히려 영이의 줄자가 자신의 것보다 짧고 시계도 자신의 것보다 더 천천히 간다는 것이었다. 어느 쪽 말이 옳을까? 만약 줄자를 우주선의 진행 방향과 직각으로 놓았다면 결과는 어땠을까?

상대적이라는 말은 나의 상태뿐만 아니라 상대의 상태를 비교할 때라야 의미가 있다. 상대가 어떤 상태냐에 따라 자신의 상태가 상대적으로 결정된다는 뜻이다. 예를 들어 나의 키가 175센티미터, 동생은 170센티미터 그리고 형은 180센티미터라고 할 때, 나는 상대적으로 형보다는 작지만 동생보다는 크다. 하지만 엄밀히 말해 이들 삼형제의 키가 크다거나 작다라는 표현은 옳은 것이 아니다. 크다 작다는 절대적인 기준이 있는 것이 아니라 상대적으로 비교할 때만 쓸 수 있는 표현이기 때문이다.

운동 또한 상대적인 것이다. 어느 틀을 기준으로 그 위치 변화나 속도 변화를 재는 것이 운동이기 때문이다. 예를 들어보자. 기차역의 A라인과 B라인에 나란히 정지해 있던 기관차가 한 대는 오른쪽으로 한 대는 왼쪽으로 같은 속도 V로 출발한다. 이때 기차역에 서 있는 김 군에게는 각각 V와 -V로 운동하는 것처럼 보이지만, A라인 기관차에 승차한 안 군에게 B라인 기관차에 승차한 차 양은 2V의 속도로 자신에게서 멀어지는 운동으로 보인다. 마찬가지로 차 양은 안 군이 자신에게서 2V로 멀어지는 운동을 하고 있다고 할 것이다.

따라서 두 기준틀이 등속으로 운동한다면 각각의 기준틀에서 나타나는 물리적 효과는 동등하다. 만약 두 기준틀이 같은 속력과 같은 방향으로 움직인다면, 둘은 움직이고 있지 않다고 느낄 것이다. 그리고 한 사람은 가만히 있고 다른 한 사람은 일정한 속력으

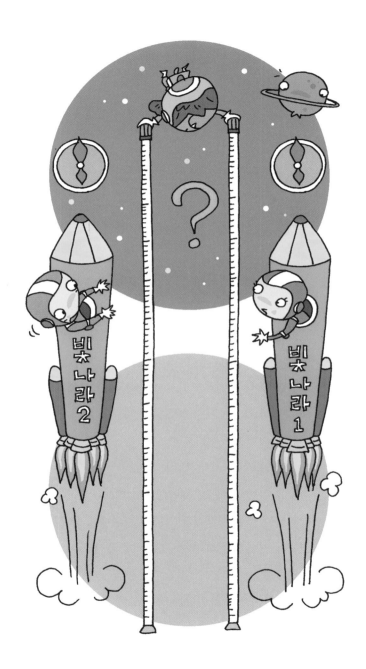

로 멀어진다고 할 경우, 움직이는 사람의 입장에서 본다면 가만히 있는 사람이 일정한 속력으로 자신에게서 멀어지는 운동을 한다고 생각할 수도 있다. 따라서 두 사람은 상대방에게서 특수 상대론의 효과인 시간 더딤과 길이 줆을 관찰할 수 있다. 그리고 움직이는 물체의 길이는 움직이지 않을 때보다 짧아 보인다. 하지만 그 높이는 변하지 않는다. 따라서 움직임과 수평인 방향으로만 길이가 줄어들고, 수직 방향으로는 줄지 않는다. 위의 예에서 영이와 철수의 줄자와 시계 관측이 서로 짧게 그리고 느리게 나온 것은 이런 이유에서다.

특수 상대론 효과 3—핵분열 및 융합 에너지

아인슈타인의 질량 에너지 등가 원리($E=mc^2$)로 인류는 새로운 에너지원을 얻었다. 핵분열에서는 0.17퍼센트의 질량이 그리고 핵융합에서는 0.7퍼센트의 질량이 각각 줄게 되는데 아인슈타인의 공식에 대입해보면 줄어든 질량만큼 에너지를 만들어낼 수 있다는 뜻이기 때문이다.

아인슈타인의 상대론 하면 떠오르는 $E=mc^2$(에너지E는 물질의 질량m과 빛의 속도c 제곱의 곱이다)라는 공식은 현대 물리학을 상징하는 로고로 생각될 만큼 일반인에게 매우 친숙한 표현이다. 단순해 보이기만 하는 이 표현식에 담긴 것이 무엇이기에 그렇게 유명할까?

그동안 질량은 불변하는 양으로 생각되었다. 뉴턴이 정의한 힘의 정의 식 $F=dp/dt$[p는 운동량(mv)을 말하고 t는 시간을 말한다. 그리고 *d*는 변화량으로 이해하면 된다. 즉 뉴턴 역학에서 힘은 시간에 따른 운동량의 변화량을 가리킨다]와는 다르게 힘을 $F=ma$(a : 가속도)라는 간단한 표현으로 써온 까닭은 질량을 불변하는 일정한 양으로 생각했기 때문이다. 뉴턴의 근대 과학 시대에 질량은 변하지 않는 물리량이었다. 뉴턴 역학에서 로켓 문제를 빼고는 시간에 따라 물체의 질량이 변하는 것은 없었다.

그러나 상대론이 발표된 뒤 질량과 에너지를 구분하는 것은 무의미해졌다. 질량이 곧 에너지요 에너지가 곧 질량이다. 이제 질량은 질량이라는 허울에서 벗어나 에너지의 한 모습으로 거듭나게 되었다. 질량이 줄어든다는 것은 어딘가에 에너지가 만들어진다는 것이요 질량이 늘어난다는 것은 어딘가에 에너지가 줄어든다는 것이다. 이처럼 특수 상대성 이론에서 당시까지 서로 무관한 에너지와 질량의 관계를 밝힘으로써, 절대 불변의 진리로 생각된 질량 보존의 법칙은 법칙으로서 자격을 잃었다. 이러한 질량 에너지 등가 원리는 훗날 원자폭탄 탄생에 이론적 근거가 되었다.

특수 상대론 효과 4―로렌츠와 민코프스키

뉴턴 역학에서는 광속이 상대적이고 시간은 절대적이다. 3차원 공간을 넘어 시간은 어디서나 절대성을 가진다. 물체가 x축 방향으로 운동하더라도 x축에서나 y축 그리고 z축 어디에서도 시간 t는 절대적으로 t다. 운동 상태와 상관없이 공간 어디서나 같은 시간이다. 즉 $x=x(t)$, $y=y(t)$ 그리고 $z=z(t)$로 나타내듯 시간은 절대적이다.

아인슈타인의 상대론에서는 광속이 절대적이고 시간은 상대적

아인슈타인과 헨드릭 안톤 로
렌츠(1921)

이다. 이제 광속은 운동 상태나 공간과는 무관하게 일정한 절대성을 가진다. 시간은 공간처럼 운동 상태에 따라 변하게 되어 공간과 함께 시공간을 이룬다. 물체가 x축 방향으로 운동하면 그 축 방향에서의 시간은 다른 축 방향에서의 시간과 같지 않다. 시간이 모든 축에서 같은 것이 아니라 운동하는 축 방향에서는 상대적으로 변하는 것이다.

1905년 아인슈타인의 특수 상대론이 나오기 전에 네덜란드의 로렌츠는 뉴턴 역학의 갈릴레이 변환과는 다른 로렌츠 변환을 유도했고, 프랑스의 푸앵카레Jules-Henri Poincare는 4차원의 시간과 공간을 보여주었다. 비록 그들이 아인슈타인처럼 혁명적인 발상의 전환을 한 것은 아니었지만 기존의 실험과 이론을 종합·정리하려는 과정에서 그들 나름의 해법을 찾아낸 것이다. 1908년 독일에서 활동하던 민코프스키Hermann Minkowski는 자신의 상대론에 따라 4차원의 민코프스키 시공간이라 부르는 절대적인 4차원의 시공간 세계를 만들었고, 아인슈타인도 그의 절대적인 시공간을 받아들였다.

이제 상대적으로 한 틀과 다른 틀이 서로에 대해 어느 한 방향으로 속도 v로 등속 운동할 경우 틀과 틀 사이의 변환은 갈릴레이 변환이 아닌 로렌츠 변환이 적용되고 4차원의 시간과 공간이 아닌 절대적인 4차원의 민코프스키 시공간에서 운동하게 되었다.

4. 일반 상대론—공간이 휘다

1905년 특수 상대론을 발표한 뒤 아인슈타인은 더 일반적인 경우에 대한 상대성 이론을 생각했고, 그것을 펼쳐내기까지 꼬박 10년이 걸렸다. 그리고 1916년 드디어 일반 상대론을 완성해 자신이 시작한 일을 스스로 매듭지었다. 특수 상대론에서 생각한 등속도로 운동하는 틀을 등가속도로 운동하는 틀로 확장하는 것을 생각함으로써 일반 상대론을 완성한 것이다.

일반 상대론은 특수 상대론의 바탕 위에 만유인력, 공간의 영향 등을 고려해 완성되었다. 뉴턴에게 운동 제1법칙과 제2법칙이 있었다면 아인슈타인에게는 특수 상대론과 일반 상대론이 있었다. 뉴턴의 제1법칙이 제2법칙의 특별한 상황이듯, 특수 상대론은 일반 상대론의 특수한 상황이다. 하지만 그 차이는 뉴턴의 그것과는 비교가 되지 않을 정도로 위대하다.

뉴턴의 힘의 법칙에서 뉴턴은 제2법칙을 통해 힘에 대한 물리적 정의를 했고, 그 특별한 예로 힘이 작용하지 않을 경우 제2법칙은 관성의 법칙인 제1법칙으로 간단하게 결정되는 일종의 단순화 과정이다. 반면 아인슈타인의 특수 상대성 이론이 일반 상대성 이론으로 전환되는 것은 기준틀 사이의 운동 상태가 등속도 상태에서 등가속도 상태로 변환되는 것인 만큼 관성계에서 비관성계로의 변환이라 할 수 있다. 즉 그 과정을 다루는 수학적 연산의 난이도와 차원이 전혀 다른 것이다.

그 출발은 중력마당에 있을 때와 무중력에서 중력 가속도로 올

1919년 에딩턴의 일식 관측 사진. 아인슈타인의 예측대로 태양 빛이 휘었다

라가는 엘리베이터 안에 있을 때를 구별할 수 없다는 인식이었다. 아인슈타인은 10년 동안 그 생각을 이론화하는 연구에 몰두하고서야 일반 상대성 이론의 결과를 도출할 수 있었다. 특수 상대성 이론의 기본 원리인 상대성 원리와 광속도 불변 원리에 관성과 질량과 중력 질량이 같다는 원리 즉 등가 원리를 합치고, 구부러진 공간의 기하학적 구조에 대한 중력 이론을 더한 것이 그것이다. 이로써 뉴턴 역학으로는 설명되지 않던 수성의 근일점 이동 현상 등이 설명되었다.

일반 상대성 이론을 모든 학자가 인정하게 된 계기는 일식에 대한 아인슈타인의 예측이었다. 그는 자신의 이론에 따라 휜 공간에서는 빛도 휘게 되므로 일식 때 태양 빛이 휘는 것을 관측할 수 있으리라 예언했는데, 3년 뒤인 1919년에 영국의 에딩턴Arthur Stanley Eddington이 계기 일식 관측으로 아인슈타인의 예측이 정확했음을 확인한 것이다.

이러한 일반 상대론을 몇 가지 예를 통해 알아보자.

일반 상대론 효과 1—빛이 휘다

어느 날 하늘에서 아래를 내려다보던 상제가 물었다.

"작은 것들이 왜 서로 다른 방향으로 줄지어 구불구불 돌아가며 산을 오르고 내려가는가?"

상제의 갑작스러운 호기심을 풀어주려 대신들은 땀을 흘리며 설명하려 애를 썼다. 드디어 한 신하가 아뢴다.

"신, 별주부 아뢰오. 그것은 산의 중력이 작은 것들을 잡아당겨 돌게 만드는 줄로 사료됩니다."

"오, 그렇소. 그럼 어째서 한쪽은 올라만 가고 한쪽은 내려만 가오?"

"예, 거기까지는 아직······."

상제는 아이들이 구슬놀이 하는 것을 보고는 다시 물었다.

"아이들이 구슬 같은 것을 가지고 노나 본데 왜 구슬이 어느 곳에 가면 그곳으로 빨려 들어가는 건가?"

이번에도 별주부가 아뢰었다.

"아마도 그곳이 다른 곳보다 중력이 강해 그곳 가까이 가면 구슬들이 그곳으로 끌려 들어가는 것으로 사료됩니다만······."

뉴턴의 만유인력을 아는 우리의 별주부는 힘의 개념으로 작은 것들과 구슬의 운동을 설명하려 했다. 그러나 단순히 생각하자. 이 현상에서 중심 원리는 중력이나 힘이 아니다. 산을 구불구불 돌아가며 올라가는 작은 것들은 길이 그렇게 나 있기 때문에 중력에 끌려 그렇게 가는 것이 아니라 그저 나 있는 길을 따라 올라가고 내려갈 뿐이다.

아이들의 구슬놀이도 그렇다. 아이들은 몇 개의 구멍을 파고 그 구멍에 구슬을 넣으며 누구 구슬이 더 많이 돌아오나 시합을 하는 것이다. 구멍에 구슬을 던져 넣으면 구슬이 구멍의 기울어진 결을 타고 돌아서 빠지는 것뿐이다. 그곳이 다른 곳보다 중력이 강해

아인슈타인

$$E = mc^2$$

구슬을 끌어당겨서 그런 것이 아니다. 이 이야기는 추상적인 일반
상대성 이론을 구체적으로 이해할 수 있게 해준다. 즉 구부러진
공간에서는 특별한 힘을 받지 않아도 물체의 운동이 구부러진 공
간의 형태를 따르듯, 휜 공간에서는 빛도 휘는 것이다.

아인슈타인은 중력이 공간을 휘게 한다고 말했다. 그래서 태양
의 곁을 지나는 빛은 태양의 중력에 의해 휘어진 그 공간을 따라
운동하고, 그래서 그 빛이 휜다고.

일반 상대론 효과 2— 수성의 세차 운동을 설명하다

19세기 초 프랑스의 천문학자 르베리에Urbain Jean Joseph leverrier는 뉴턴 역학이 수성 근일점의 세차 운동을 정확히 설명할 수 없음을 밝혔다. 뉴턴에 따르면 그것은 100년에 531초의 각도가 되어야 하는데 실제 관측 값은 574초로 43초나 차이가 났다. 그런데 이 수성의 세차 운동을 일반 상대론으로 정확히 설명할 수 있었다. 케플러는 행성이 타원 궤도로 운동한다고 했고, 그 원동력은 만유인력이라고 했다. 만약 다른 힘이 가해지지 않는 한 타원궤도는 유지되어야 하지만 실제로는 근일점을 시작으로 경로가 변하는 현상이 관측되었다. 즉 뉴턴 역학으로는 설명되지 않는 현상이 발견되었는데, 일반 상대론에서 만유인력에 의한 공간의 변형 현상을 이용하면 근일점의 이동 현상이 설명되는 것이다. 일반 상대론은 행성이 휘어진 공간을 운동하면서 경로가 바뀌기 때문에 이런 현상이 일어난다고 설명했다.

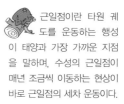

근일점이란 타원 궤도를 운동하는 행성이 태양과 가장 가까운 지점을 말하며, 수성의 근일점이 매년 조금씩 이동하는 현상이 바로 근일점의 세차 운동이다.

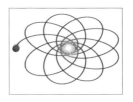

근일점의 세차 운동을 이해하기 쉽게 과장해서 표현한 이미지

플라스마—제4의 물질

플라스마Plasma의 어원은 그리스어로 '형태가 있는 것을 창조한다', '조형한다'이다. 고분자 물질의 일종인 플라스틱plastics, 정형외과plastic surgery, 조형 미술plastic art과 같은 용어는 모두 이 plasma가 어원이다.

물리학에서 plasma가 탄생한 것은 1932년에 노벨 화학상을 받은 랭뮤어 Irving Langmuir가 1928년 미국의 제너럴 일렉트릭 연구소에서 진공 방전 실험 중 방전관 속의 아름다운 빛을 내는 기체 방전 현상에 관심을 가진 데서 출발한다. 그는 방전관 속에 탐침을 설치해 넣고 그 속의 전기적 특성을 측정했는데, 그 결과 높은 진동수의 독특한 진동이 발생함을 확인했다. 그는 이 진동을 이론적으로 해석해 '플라스마 진동'이라 불렀고 이때부터 물리학에서 플라스마란 용어가 사용되었다.

물리학에서 플라스마란 제4의 물질로, '전리된 기체 형태로서 양전기를 띤 이온과 음전기를 띤 전자가 거의 같은 밀도로 분포되어 전체적으로 전기적 중성을 유지하며 고르게 분포되어 있는 하전 알갱이 집단'이라고 정의된다.

플라스마의 응용—꿈의 에너지 플라스마 핵융합

플라스마는 여러 분야에서 응용되는데 저온 플라스마를 이용한 식각 기술,

박막 및 세정 기술 등은 고집적 반도체 및 대면적 디스플레이 제조 공정에 필요한 요소 기술로 각광을 받고 있다. 다른 분야는 핵융합 에너지를 이용하기 위한 핵융합 반응의 제어 조건을 만족할 수 있는 유일한 매질로 고온이면서 고밀도인 플라스마를 이용하는 것이다.

핵융합 반응을 일으키기 위해서는 플라스마를 자기장에 가둘 장치가 필요한데 1950년대에 소련에서 처음 고안된 토카막Tokamak이라는 장치가 가장 유명하다. 토카막이 개발된 이후에는 각국에서 JET(유럽), JT-60(일본), TFTR(미국) 등 대형 토카막을 설치해 실험하고 있다. 이들 토카막들은 '험로 Test Reactor'로서 플라스마 핵융합 반응을 일으켜 에너지를 얻을 수 있을지 시험해보는 임계 플라스마 시험 장치다.

다음 단계로는 핵융합 험로Experimental Reactor가 계획되어 있어 그 개념 설계와 연구 개발이 진행되고 있다. 이는 유럽, 미국, 일본, 러시아가 협력해 개발을 시도했는데, 1979~1988년의 10년 동안 INTOR(International Tokamak Reactor)라는 실험로 장치에 대한 개념을 설계해왔다. 그 뒤 INTOR을 더욱 보완한 ITER(International Thermonuclear Reactor)이라는 장치의 개념 설계 작업이 이루어지고 있다. 이 ITER은 2010년 완성이 목표로, 이후에 '실용로' 혹은 '상업로Commercial Reactor'까지 가기 위해서는 아직도 오랜 시간과 노력이 필요하다.

카오스는 우주의 제왕인가

'세상은 요지경, 요지경 속이다. 잘난 사람 잘난 대로 살고, 못난 사람 못난 대로 산다……'

몇 년 전 유행한 노래의 일부다. 세상이 요지경 속 세상처럼 우리가 이해하기 어렵고 따라가기 힘듦을 해학적으로 나타낸 노래다. 노랫말처럼 우리가 살아가는 세상은 예측이 가능하지 않다. 예측은커녕 당장 세상이 변하는 속도를 따라가기조차 버거울 때가 한두 번이 아니다.

사람이 관계되지 않은 자연 현상에서도 이제까지 다룬 것들과는 다르게 예측 불가능한 것들이 많다. 하지만 이들 현상은 결정론적인 사고방식과 행동에 익숙한 우리들에게는 물리학에서 다루지 않는 분야 같기만 하다. 이를테면 이른바 카오스chaos의 세계는 우리 실생활에 바로 맞닿아 있다. 이리저리 불어대는 바람, 공장 굴뚝에서 뿜어 나오는 연기, 큰 비가 온 뒤 도도하게 흐르는 탁류 등 불규칙해 보이는 현상들은 여러 모습으로 우리에게 그 세계를 보여주고 있다. 아직 카오스의 세계를 완전히 이해하지는 못하지만 분명한 것은 그 세계가 존재하며 그 세계를 이해함으로써 우주의 진리에 더 가까이 갈 수 있다는 사실이다. 또한 결정론적이며 선형적인 세계에 길들여진 우리에게는 예측하지 못할 만큼 불규칙해 보이지만 분명 그 세계에도 질서가 있을 것이다. 그 세계도 자연 세계의 일부이고 자연 세계를 지배하는 것은 질서이기 때문이다.

1. 복잡한 세계, 복잡계

1+1=10?— 선형과 비선형

수학적으로 세상은 간단히 선형과 비선형으로 나뉜다. 선형은 1차 함수와 같이 그 함수 꼴을 알면 함수 값을 얼마든지 예측할 수 있을뿐더러 그 답을 다른 선형 함수에도 적용할 수 있다. 이에 반해 비선형은 함수 값을 예측할 수 있다 해도 그 답을 다른 비선형 함수에 적용하는 것은 전혀 불가능하다.

선형은 우리가 예측 가능한 세계의 범주에 속하고 비선형은 그렇지 않다. 비선형 세계는 선형 세계보다는 카오스적인 세계에 더 가깝다. 어느 체계에 적용되는 규칙이나 법칙을 다른 체계에 직접 또는 응용해서 적용했을 때 그들이 그 체계에서처럼 적용된다면 다른 체계는 그 체계와 같은 선형적 구조를 이루는 것이므로 이들은 선형적으로 같은 체계라고 할 수 있다. 그렇지 않다면 서로 다른 두 체계는 비선형적 관계에 있다고 볼 수 있다.

뉴턴 체계, 그 완성과 한계

천체의 운행과 같이 언뜻 보기에는 복잡해 보이는 운동을 단순화하고 수식화해 간단한 몇 개의 법칙으로 멋지게 풀어버린 뉴턴 역학! 그것은 세상의 진리는 알면 알수록 단순해지고 간단해진다는 것을 우리에게 가르쳐준 자연에 대한 인류 승리의 결정판이었다.

이 위대한 뉴턴의 역학 체계는 결정론적 체계다. 물체에 작용하는 힘을 알고 물체의 처음 상태에 대한 정보를 알면 시간에 따라

선형 함수로 볼 때 한 시간에 10쪽 분량의 책을 읽는 사람은 3시간 동안 얼마를 읽을 수 있을까? 30쪽일 것이다. 하지만 비선형 함수에서는 같은 사람이라도 10쪽을 읽을 수도 있고 100쪽을 읽을 수도 있다. 단순히 1+1이 2가 되는 것은 선형이고 1 그대로일 수도, 10이 될 수도 있는 것은 비선형이다.

물체의 운동 상태가 어떻게 변해갈지 예측하는 것은 단순한 계산 과정일 뿐이다. 관측자가 원하는 대로 얼마든지 정확하게 운동 상태를 알 수 있다는 뉴턴 체계는 그동안 어둡기만 했던 우주를 밝히는 질서의 빛이었다.

뉴턴의 운동 방정식은 시간에 대해 두 번 미분된 미분 방정식이다. 운동 방정식을 풀려면 시간에 대해 두 번 적분해야 하기 때문에 구조적으로 해는 두 개의 적분 상수를 가지고, 그 상수는 초기 조건을 통해 결정할 수 있다

뉴턴 이후 여러 대가에 의해 그 역학 체계는 완성도를 높여갔는데, 그 과정에서 이미 뉴턴 체계의 한계가 드러나고 있었다. 양자역학이나 아인슈타인의 상대론 이전에 이미 푸앵카레가 하나나 두 개의 물체 운동이 아닌 세 개의 물체 운동에서는 물체에 대한 정보를 안다 해도 일반적으로 그 운동 방정식을 풀 수 없음을 증명했다. 예컨대 태양과 여러 행성이 관여하는 다체의 운동이 그러했다. 즉 뉴턴 역학은 운동의 대상인 물체의 수가 한 개나 두 개일 때는 정확하게 표현할 수 있지만 세 개 또는 그 이상일 때는 표현할 수 없다는 한계를 가지고 있다.

뉴턴은 힘의 정의에서 힘을 시간에 대한 운동량의 변화율로 정의했고(한 번 미분) 그 운동량은 또 시간에 따른 위치 변화이므로(또 한 번 미분) 결국 힘은 시간에 대하여 위치의 변화를 두 번 미분하게 된다. 이 힘의 정의와 작용한 힘을 연결해 만들어지는 운동 방정식을 풀려면 시간에 대해 두 번 적분하는 것이 일반적인 방법이다. 그러므로 초기의 위치와 속도 등 주어진 상태에서 출발하여 시간에 따라 그 상태가 어떻게 변할 것인가를 결정할 수 있는 것이 뉴턴의 역학 체계다.

복잡한 세계— 복잡계

세계가 단순하거나 수식화를 통해 단순화되지 않는다는 것을 알게 된 것은 반세기도 채 되지 않는다. 세계 그 자체가 복잡한 구조로 되어 있다는 사실을 받아들인 것은 극히 최근의 변화다. 세계는 우리가 이해하지 못해 복잡해 보이는 것이 아니라 그 본모습

뉴턴의 결정론적 근대 사상과 복잡계의 사상을 몇 가지 관점에서 비교해 보자. 전자는 '모든 물체는 정적인 상태에 계속 있으려 하고, 운동하는 물체는 계속 그 상태를 유지하려 한다'고 생각하는 데 반해 후자는 '모든 것은 운동한다, 어느 것도 멈춰 있지 않다'라고 생각한다. 전자는 분석적으로 접근하는 데 반해 후자는 통합적이다. 이밖에도 평형을 이룸 대 평형에서 벗어남, 선형 대 비선형, 개별적인 것 대 집합적인 것, 안정적 계 대 카오스의 가장자리에 놓인 계로 대비할 수 있다.

이 복잡하다. 그리고 우리는 예측 가능한 단순한 세계에 살고 있는 것이 아니라 전혀 예측 불가능한 복잡한 세계에 살고 있는 것이다.

자연계를 이루는 서로 다른 구성원 사이의 상호 유기적인 다양한 관계가 얽히고설켜 결과적으로 복잡한 현상이 나타난다. 초기 조건에서 보이는 작은 차이로 전혀 예상치 못한 사건이 걷잡을 수 없는 큰 차이로 나타나는 것이다. 복잡계를 지배하는 것은 굴뚝 연기의 운동이나 갑작스러운 폭우로 물이 불은 계곡물이 난류를 이루며 흘러가는 것과 같은 무질서한 운동이다. 복잡계에서는 어느 곳에서 일어난 작은 사건이 그 주변의 다양한 요인에 작용하고, 그것이 복합되어 영향력을 행사함으로써 멀리 떨어진 곳에서 일어난 사건의 원인이 되기도 한다.

학문적으로 복잡계는 경제학 개념으로, 원인과 결과의 관계는 하나의 원인에 하나의 결과가 대응한다는 단순 관계의 설정에 대한 비판에서 시작되었다. 최근에는 경제학뿐 아니라 사회학, 물리학, 화학, 생물학 등 여러 분야에서도 복잡계에 대한 관심이 높아지고 있다. 이들 서로 다른 학문 사이의 유기적인 관계 속에서 복잡계는 다양한 분야에 널리 적용될 수 있음을 보여준다.

이를테면 자본주의의 꽃인 주식 시장에서 주가의 오르내림은 궁극적으로 그 기업의 가치에 의해 결정되겠지만, 하루하루 변하는 주가는 수백만 또는 수천만 투자자의 결정에 의한 총체적인 결과가 표현되는 값이다. 즉 특정한 값 입력에 의해 특정 값으로 정해져 나오는 기계적인 것이 아니라 정보에 대한 수많은 투자자의 상호 반응에 의한 생물학적·유기적 결과인 것이다.

2. 카오스―질서를 낳은 무질서

1961년 기상학자 로렌츠Edward Lorentz(1917~)는 기상 현상을 모의 실험하다 초기 조건에서의 미미한 작은 차이가 시간이 지나면서 걷잡을 수 없을 만큼 큰 차이를 일으키는 현상을 발견했다. 이것이 바로 유명한 나비 효과라는 것으로 '서울에서 나비가 작은 날갯짓을 한 것이 미국 워싱턴에 토네이도와 같은 큰 폭풍을 일으킬 수도 있다'로 흔히 이야기한다.

나비 효과는 어느 곳에서 일어난 조그만 변화가 멀리 떨어진 곳에서 예측할 수 없는 엄청난 변화를 일으킬 수 있음을 뜻한다. 로렌츠의 발견은 뉴턴 역학으로는 이해할 수 없는 '초기 조건에 대한 민감한 의존성'을 보여주는 것이었다. 1963년에 발표한 논문에서 그는 자신의 비선형 방정식을 공개했고 나비 효과, 기이한 끌개 등 새로운 개념들을 도입함으로써 이 분야 연구의 토대를 마련

똑같은 길을 반복하지 않으면서 일정한 형태(나비 날개)를 반복하는 카오스계의 운동을 표현한 로렌츠 어트랙터

했을 뿐만 아니라 다른 이들의 관심과 참여를 촉발하는 계기를 마련했다.

카오스—불규칙함

1975년 미국의 수학자 요크James Yorke는 제자와 함께 발표

한 논문의 제목에서 카오스란 용어를 처음 사용했는데, 그 후 카오스는 겉보기에 불규칙하고 무질서해 보이지만 그 안에 놀라운 질서를 가진 현상을 가리키게 되었다.

카오스는 결정론적이지만 불규칙한 운동을 말하는 것으로 날씨 변화, 지진, 난류 흐름, 물체의 진동, 나뭇잎의 낙하 운동 등의 자연 현상에서 볼 수 있다. 또한 증권 시장에서 주식 가격의 변화나 직장인들의 직업병, 신경성 위통 및 두통 등의 실생활에서도 그 현상은 얼마든지 찾을 수 있다.

카오스는 본질상 결정론임에도 그 자체가 불규칙하게 변화할 뿐만 아니라 나비 효과와 같이 작은 차이가 엄청난 결과를 가져오기 때문에 결과를 예측하는 것은 완전히 불가능하다. 하지만 그런 변덕스러움과 아직 밝혀지지 않은 숨겨진 성질 때문에 무질서, 혼돈과 같은 단어를 연상케 하는 카오스에도 규칙과 질서가 분명히 존재할 것이다. 이러한 카오스를 이해하기 위한 노력은 이 현상계를 제대로 이해하기 위한 인류의 영원한 과제라 할 수 있다.

 오늘날 물리학, 기상학, 생물학, 경제학 등 다양한 학문 분야에서 카오스를 적용하려는 연구와 시도가 활발하게 진행되고 있다. 이로써 학문적 독립성을 지닌 각각의 특정 분야가 상호 유기적인 관계를 통해 서로 영향을 주고받으며 각 분야의 특성과는 전혀 다른 예상하지 못할 결과를 도출해내기도 한다.

카오스 이론—예측할 수 없음

로렌츠에 의해 시작된 카오스 이론은 1970년대부터 여러 분야에 걸쳐 본격적으로 연구되었다. 작은 차이가 예측할 수 없는 엄청난 결과를 일으키는 것처럼 겉보기에는 안정적으로 보이지만 안정적이지 않고, 불안정하게 보이지만 안정적인 여러 현상을 설명하려는 것이다.

흔히 카오스 이론이 비결정론적이고 마구잡이 식이라고 생각하지만 이는 로렌츠가 몇 개의 방정식으로 표현한 것처럼 엄연히 결정계에 대한 이론이다. 방정식을 세운다는 것은 관심 갖는 계가 결정계라는 의미다. 비록 뉴턴 역학에서와 같은 예측 가능한 결과를 도출할 수는 없기에, 즉 뉴턴 역학에서와 같이 선형적이지 않기 때문에 그 초깃값에 민감한 결과를 가져오는 등 이제까지의 이론과는 전혀 다른 결과를 보여주지만 말이다. 이로써 카오스적인 세계가 자연 현상 가운데 존재하는 새로운 세계임을 알게 되었고 물리학에는 새로운 도전 영역이 생겼다.

카오스의 가장자리—질서와 무질서의 경계

카오스의 가장자리는 무질서에서 질서로 넘어가는 자리로 새로운 질서를 형성하는 길목의 자리를 일컫는 말이다. 근대 과학의 단순계 사고를 비판하고 복잡계를 주장한 케스틀러가 처음 사용한 것으로 그는 카오스의 가장자리를 방향의 전환점으로 중요하게 생각했다. 그에 의하면 열역학적 관점에서 엔트로피가 증가에서 감소로 전환되는 곳이 카오스의 가장자리라고 할 수 있는데 여기서 새로운 방향으로 전환이 일어난다. 즉 엔트로피가 증가하는 것처럼 무질서 상태가 유지되다가 어떤 한 순간을 기점으로 질서라는 것으로 방향을 바꾸게 되는데, 이때 무질서가 끝나는 순간을 바로 카오스의 가장자리라고 하기도 하고 무질서에서 질서로 방향이 바뀐다 해서 방향의 전환점이라고도 하는 것이다.

생물학적 진화는 카오스의 가장자리를 끊임없이 되풀이해 넘나드는 과정의 연속이다. 지구상의 생명체는 변화무쌍한 환경변화

장자는 〈응제왕편〉에서 남해, 북해 그리고 중앙의 제왕이 있는데 중앙의 제왕이 혼돈이라고 했고, 주자는 '우주의 원초적 상태는 혼돈'이라고 하여 질서 이전의 세계에 혼돈이 있었다고 생각했다. 《성서》《창세기》에서는 "태초에 천지를 창조하사 땅이 혼돈하고……"로 질서보다 무질서가 먼저임을 밝혔고, 이집트인들은 우주의 시작이 카오스라고, 바벨로니아 사람들은 카오스의 여신이 천지를 창조했다고 믿었다. 고대 그리스의 헤시오도스는 "맨 처음에 카오스가 있었고, 다음에 태어난 것이 가슴이 넓은 대지다……카오스에서 암흑과 어둠이 태어났다"고 읊었고, 그리스 신화에서 주신 디오니소스는 카오스에서의 생식을 위하여 부녀자들을 열광에 빠지게 했다.

에서 살아남느냐 아니면 멸종하느냐의 전환점인 카오스의 가장자리에서 그때그때 기적같이 살아남아 진화를 거듭해 오늘날의 생명체로 존재하게 된 것이다.

3. 프랙털―새로운 기하학의 세계

프랙털―자기 닮음

1967년 만델브로Benoit Mandelbrot(1924~)는 영국 해안선에 대한 논문에서 처음 프랙털fractal을 개념적으로 도입했고,

1975년 비정규적 패턴에 대한 자신의 에세이 표제에서 처음으로 프랙털이라는 용어를 사용했다. 이 글에서 만델브로는 영국 해안선의 길이는 어떤 자로 재느냐에 따라 엄청난 차이가 날 것이라는 흥미로운 주장을 펼쳤다. 미터 단위 자로 쟀을 때와 센티미터 단위 자로 쟀을 때 그 결과는 큰 차이를 보이리라는 것인데, 프랙털 구조를 이해하면 이 이야기를 이해할 수 있다. 예를 들어 지도로 볼 때는 세 번 정도 꺾어진 해안선이라 해도 가까이서 보면 수많은 굴곡으로 구성되어 있지 않은가. 게다가 그 굴곡을 또 자세히 들여다보면 그 역시 더 작은 꺾임들을 반복해서 보여줌을 확인할 수 있다. 그 이전에도 여러 수학자가 프랙털과 비슷한 개념을 사용하기는 했지만 유클리드 기하학에만 빠져 있던 이들에게 비유클리드적 기하학은 괴물 취급을 받았다.

유클리드와 비유클르드 기하학의 차이를 삼각형을 통해 알아보면, 유클리드에서는 내각의 합이 180도지만 비유클리드에서는 그보다 크거나 작을 수 있는데, 이는 일반적으로 비유클리드 평면이 휘었기 때문이다. 유클리드 공간에서 차원은 1, 2 또는 3차원 등으로 나타나는 데 반해, 프랙털에서 차원은 1.2, 1.8 등과 같이 정수가 아닌 숫자로 나타난다. 또한 프랙털은 비유클리드적 구조를 가진다.

프랙털은 유클리드 기하체와는 달리 비규칙적으로 갈라진 구조를 가지며,

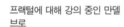

프랙털에 대해 강의 중인 만델브로

칸토어 집합

코흐 곡선

시어핀스키 삼각형

부분을 확대하면 전체의 모습과 비슷한 구조가 다시 나타나는 자기 닮음의 성질을 가진다. 자기 닮음과 순환성은 칸토어Georg Cantor 집합, 코흐Helge von Koch 곡선 그리고 시어핀스키 Sierpinski 삼각형 등 만델브로 이전에도 알려져 있었다.

자연계에서도 프랙털은 나타나는데, 몸 속 허파의 가지 치기, 유체의 난류 흐름, 고사리, 창문에 생긴 성에, 해안선 및 지표면의 구조, 눈의 결정 모양, 번개의 갈라짐, 구름 모양, 은하 구조 등 작게는 분자에서 크게는 우주에 이르기까지 곳곳에 널려 있다. 자연계뿐만 아니라 주식 시장에서도 주식 가격의 변화 그래프에서 프

칸토어 집합은 한 선을 3등분한 뒤 가운데 있는 선을 지우고, 양쪽의 두 선을 다시 각각 3등분해 같은 과정을 반복했을 때 나오는 선들의 집합을 말한다.

코흐 곡선 역시 한 선을 삼등분해서 가운데 선을 지우고, 지워진 선을 변으로 하는 정삼각형을 만들면 4개의 선이 되는데 이 4개의 선으로 위와 같은 과정을 반복할 때 생기는 곡선을 말한다. 모양이 선→피라미드→성→가시나무→산호……같은 형태로 바뀐다.

색칠이 된 정삼각형의 세 변의 중점을 이용하여 정삼각형을 만든 후, 중간의 정삼각형을 지우고 남아 있는 세 개의 정삼각형을 이용하여 다시 위의 과정을 반복하면 삼각형 속에 삼각형이 무수히 많이 생기는데 이것이 바로 시어핀스키 삼각형이다.

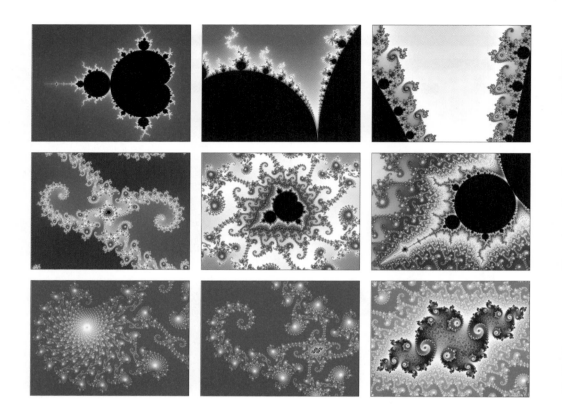

랙털을 볼 수 있다.

자연의 자기 닮음 성질에 대한 연구를 통해 만델브로는 프랙털을 카오스와 대등한 위치에 자리매김했다. 프랙털은 카오스와 밀접한 관계가 있다. 카오스 이론에서 기이한 끌개들은 이상한 기하학적 구조를 갖는데, 끌개는 수많은 가지들로 이루어진 복잡한 구조를 하고 있고 그 부분을 확대하면 전체의 모습이 프랙털과 비슷하다. 프랙털을 통해 카오스 연구에 커다란 진보를 이룬 것이다.

프랙털의 신비.
첫 이미지에서 시작해(왼쪽에서 오른쪽으로) 범위를 좁혀가는 그림으로, 끊임없는 프랙털 이미지를 확인할 수 있다

프랙털— 부분은 전체

고사리 잎을 펼친다. 전체에 부분이 있고 부분 속에 전체가 있다. 이는 '부분의 합이 전체이고 전체는 부분과 같을 수 없다' 는 유클리드 기하학과 단순계 과학이 설명할 수 없는 복잡계의 과학이며 프랙털의 세계다. 프랙털에서는 부분이 전체와 같을 수 있다.

라이프니츠는 '단자' 라는 알갱이 속에 우주가 들어 있다고 생각했으니 우주가 알갱이고 알갱이가 우주라고 생각한 것일까? 고대 인도인들은 사람의 몸이 대우주고 세포 하나하나가 별에 대응한다고 생각하기도 했다. 불교에서도 '부분이 전체이고 전체가 부분이다' 고 설파했으니 이는 모두 하나에 하나만 연루된 것이 아니라 전체 우주가 인연으로 엮여 있고 하나는 또한 전체에 연루되어 있음을 말한다.

프랙털—그 환상적 세계

만델브로의 선구자적 연구에 이은 많은 학자의 연구와 컴퓨터 그래픽 기술의 발달로 인해 프랙털의 환상적 세계가 펼쳐졌다. 프랙털의 자연스러움과 기하학적 아름다움 때문에 학자뿐 아니라 일반인에게도 프랙털에 대한 관심이 높아지고 있다.

컴퓨터를 이용한 프랙털의 환상적 세계는 만델브로와 줄리아 집합(프랙털의 환상적인 이미지를 만들어주는 컴퓨터 프로그램)에서처럼 대수학을 반복적으로 이용하는 방법과 위상 수학, 프랙털 기하학 등을 혼합하여 응용한 비정수 브라운 운동 방법 그리고 컴퓨터 그래픽 응용 프로그램을 이용하여 이미지를 합성하는 방법 등을 통해 만들 수 있다.

라포스키Ben Laposky가 1950년에 제작한 선구적인 작품 이후 컴퓨터를 이용한 작품은 1980년대의 보스Richard Voss가 프랙털을 응용하여 그 세계를 보인

뒤, 1990년대 존스Damien Jones, 파키Janet Parke 그리고 알고리즘 예술을 창안한 무스-그레이브Ken Mus-grave 등이 프랙털에 기초한 환상적인 세계를 보여주었다.

4. 창발과 자기 조직화 —진화의 뿌리

전체를 이루는 각 부분들의 특성과는 전혀 다르게 전체에서 나타나는 현상을 창발이라고 한다. 잘 알고 있는 두 물질을 섞었을 때 전혀 예상하지 못한 물질이 만들어지는 일종의 돌연변이와 같은 결과물이 나오는 것을 생각하면 된다. 이를테면 생물학적인 유전 과정은 이 창발에 의해 생겨난 새로운 돌연변이종이 구성원 사이의 조직화된 자기 조직화 과정을 통해 그 종을 보존하는 것이라고 볼 수 있다. 이러한 뜻밖의 변종이 탄생하는 것은 예측 불가능한 것이므로 카오스적인 사건이고, 그래서 이들 현상은 카오스 범주에 속한다고 볼 수 있다. 벌이나 개미의 집단이 보여주는 놀라운 사회적 질서는 개체 하나하나의 행동 방식을 통해서는 그 결과를 도출해낼 수 없는 전혀 뜻밖의 것이다. 2002년 한일 월드컵에서 한국 대표팀이 이룬 4강 신화의 위업은 대표팀을 구성한 선수 개개인의 실력이나 상태를 토대로는 그 결과를 설명할 수 없는 기적 같은 일이 벌어진 창발적 사건이었다.

다윈의 진화론만으로 생명체의 오늘날 모습을 설명하는 데는 한계가 있다. 창발 개념은 이를 보완하는데, 돌연변이 같은 모습

1996년 영국의 캠벨은 체세포 복제를 통해 복제양 '돌리'를 탄생시켜 세계 최초로 포유동물을 복제하는 데 성공했다. 생명체를 이루는 무수한 세포 가운데 하나를 통해 새로운 생명체를 만들어낸 것이다. 이는 부분이 곧 전체이고 전체가 부분이라는 프랙털의 세계를 생명 과학계에서 보여준 것으로 20세기의 과학이 이룬 또 하나의 쾌거였다. 레이저를 이용한 홀로그래피를 통해 부분에서 전체를, 즉 입체적인 상의 한 부분에서 그 전체의 모습을 복원하는 것도 프랙털을 통해 할 수 있게 되었다.

에서의 특성뿐만 아니라 한 개체의 창발적 행동 방식의 변화가 계의 전체적 행동 양식에 영향을 주어 전체 계의 창발적 사건이 됨으로써 진화에 기여할 수도 있는 것이다.

한편 비평형 상태에 있는 계가 구성원들 사이의 집합적 상호 작용을 통해 스스로 조직화된 질서를 만들어내는 것을 자기 조직화라고 한다. 프리고진Ilya Prigogine은 물질과 에너지의 출입이 가능한 열린계가 평형에서 멀리 떨어져 있으면 미시적 요동의 결과로 무질서한 주위에서 에너지를 흡수하여 오히려 엔트로피를 감소시키며 거시적으로 안정한 자기 조직화를 이룬다고 했다.

자연계는 불균형 상태에 있지만 계를 이루는 개체들 사이의 유기적 관계를 통해 다양하게 변화하며 스스로 균형을 이루어 자기 조직화를 거듭함으로써 성장해간다. 미국의 실리콘밸리는 수많은 기업들이 생겼다 사라지는 불균형한 계지만, 기업들 사이의 상호 유기적인 다양한 관계를 통해 전체적으로 새로운 산업 변화를 이루어나가는 계의 자기 조직화를 보여준다.

삶의 일부인 카오스와 프랙털

커피에 설탕, 크림을 넣고 잘 섞이도록 저은 뒤 천천히 음미하며 마신다. 커피 한 잔에 담긴 카오스나 프랙털을 생각하며 그 맛을 음미하지는 않지만 프랙털이나 카오스가 우리와 동떨어진 것이 아니라 바로 내 삶의 일부임을 느낀다. 카오스나 프랙털을 접한 뒤로는 일기예보에서 기상캐스터가 엉터리 정보를 주었다고 생각하는 일은 더 이상 없다.

프리고진은 러시아 태생으로 벨기에에서 공부한 물리학자이며 화학자다. 통계 열역학에서 비가역 과정을 체계화했고, 자기 조직화를 함수적으로 체계화한 업적으로 1977년 노벨 화학상을 받았다.

마당 한쪽에 심어놓은 고사리에서, 백두대간을 이루는 산들의 줄기줄기에서, 푸른 하늘을 뭉게뭉게 떠가는 구름에서, 창문에 낀 성에의 모양에서 그리고 밤새 산과 들녘을 온통 하얗게 덮어 신세계를 만든 눈의 결정에서 자기 닮음을 발견하고 프랙털을 생각한다. 이 세상은 질서와 무질서가, 규칙과 불규칙이, 예측할 수 있음과 예측할 수 없음이 서로 유기적으로 연결되어 영향을 주고받으며 아름답게 펼쳐진 것이라는 것을 생각한다.

대칭성, 자연의 아름다운 성질

우리 몸은 대칭이거나 대칭에 가까운 구조다. 두 개인 것들 이를테면 눈, 귀, 팔과 다리 등은 몸의 중심선을 중심으로 왼쪽, 오른쪽의 대칭적인 위치에 있고 코, 입, 배꼽 등은 몸의 중심선 어딘가에 각각 자리해 대칭적인 모양을 이루고 있다. 자연계에서는 동물뿐만 아니라 식물 또한 꽃 모양이나 가지들의 위치 등이 대칭적인 구조다.

하지만 우리 몸의 내부 구조에서는 대칭의 예외를 보여주는 것들이 있다. 심장은 왼쪽에 있어 위장과 같이 몸의 중심선 위에 있지 않고 왼쪽에 떨어져 있다. 이에 반해 간장은 오른쪽에 있어 중심선에서 오른쪽으로 떨어져 자리하고 있다. 물론 허파는 대칭적인 곳에 있다.

자연계에서는 겉으로 드러나 보이는 대칭뿐만 아니라 성질로 나타나는 대칭성을 찾을 수 있다. 심장이 왼쪽에 있듯 오른쪽에 있을 수 있고, 달팽이 껍질의 타원 돌기가 오른쪽으로 돌아가듯 왼쪽으로 돌아갈 수 있고, 시곗바늘이 시계방향으로 가는 것처럼 시계반대방향으로 갈 수 있으며, 자동차가 오른쪽 차선으로 통행하듯 왼쪽 차선으로 통행할 수 있는 것이 대칭성이다.

하지만 양쪽이 다 가능함에도 자연에는 왜 어느 한쪽만이 우세하게 존재하는 것일까? 지구는 왜 동에서 서로 돌지 않고 서에서 동으로 돌까? 우리의 심장은 왜 왼쪽에 있는가? 우리는 왜 시곗바늘을 시계방향으로 돌게 만들었고 자동차가 오른쪽 차선으로 가게 법규를 정했을까? 자연적이든 인위적이든 대칭성이 가능함에도 어느 한쪽이 우선적으로 정해진 것은 우연이었을까 아니면 필연이었을까.

보존 법칙과 대칭성

운동량 보존, 각운동량 보존, 에너지 보존 등 물리학에는 주요 보존 법칙들이 있다. 이들 보존 법칙과 대칭성은 밀접한 관계에 있다. 어느 물리 법칙이 서울이나 베이징에서 그대로 변함없이 적용된다면 공간 이동에 대하여 대칭적이고, 지금 이 순간이나 몇 달 후에도 그대로 같게 적용된다면 시간에 대하여 대칭적이며, 또한 특정 각도의 회전에 대하여도 변함없이 적용된다면 회전에 대하여 대칭성을 가지는 것이다.

이와 같이 공간 이동에 대한 대칭성은 운동량 보전에, 회전 이동에 대한 대칭성은 각운동량 보존에 그리고 시간 이동에 대한 대칭성은 에너지 보존에 각각 대응하여 생각할 수 있다.

결과가 아닌 과정의 물리학

처음 이 책을 시작할 때 가장 염두에 둔 부분은 '물리 교과서 같은 책이 되지 않게 하자'였다. 그러나 글을 마무리하는 지금, 그다짐이 제대로 지켜지지 않은 것 같아 아쉬움이 남는다. 특히 이 책의 주된 주제라 할 수 있는 물리학의 역사 속에서 일어난 혁명과도 같은 전환기적 사건들이 독자들에게 얼마나 효과적으로 전달될까 하는 생각에 설렘 반 걱정 반이다.

물리학의 다양한 법칙과 공식 들은 교과서나 잘 정리된 이론 중심의 책을 통해 얼마든지 배우고 암기할 수 있다. 하지만 그것만으로 물리의 세계를 모두 이해했다고 할 수 있을까? 한 나라의 문화를 이해하기 위해 그 나라가 지닌 몇천, 몇만 년의 역사를 공부하듯이 물리도 제대로 이해하려면 긴 과정을 알아야 한다.

이 책에서는 과정이 생략된 채 결과만 제시하는 단순 명료한 공식보다는 많은 학자가 어떠한 고민을 하고 어떤 과정 속에서 결론을 도출했는지를 중심으로 물리를 살펴보았다. 그리고 그것이 시대의 변화와 세대교체 속에서 어떻게 전복되고 계승되어왔는가를 쉽게 이해할 수 있게 돕는 데 주안점을 두고자 했다. 그 흥미진진한 과정을 살펴본 이 책을 통해 독자들이 물리학자들의 연구를 재미있게 이해하고 거대한 발전 경향의 흐름을 파악하는 데 도움을 받았기를 바란다. 나아가 한 가지 더 욕심을 내자면 물리학의 매력을 새롭게 발견하고 오늘날까지 신비의 영역으로 남아 있는 세계의 비밀을 풀고자 마음먹는 미래의 물리학자가 있어주길 기대한다.

모든 세상살이가 그렇듯 물리학의 세계 역시 시대와 무관할 수 없다. 인간의 삶이나 우리 사회의 현상과는 달리 불변하는 원자와 전자에서 우주에 이르기까지 그 근본 원리를 다루고 또 그것을 단순화하고 고정된 법칙이나 공식으로 설명하는 것이 물리학이다. 따라서 자칫 물리학은 시대에 따른 역동적 변화를 간과하는 학문이라고 오해할지 모른다. 하지만 지금으로서는 당연한 이야기임에도 지동설을 주장했다가 불손한 자로 손가락질을 당한 갈릴레이를 생각해보라. 물리학은 바로 진리조차 의심하는 도전적이고 역동적인 학문인 것이다.

또 이런 가정은 어떤가. 뉴턴이 만약 역학 체계가 완성된 몇백 년 뒤에 태어났다면? 뉴턴이 아인슈타인과 동시대의 학자로 활동했다면 현재 우리가 열광하는 상대성 이론 이상의 발견이 나올 수도 있지 않았을까? 현대 물리학의 과제라 할 수 있는 중력, 전자기력, 약력, 강력의 4대 힘을 통합하고, 카오스의 신비를 벗겨냈

을지도 모르는 일이다. 이렇듯 물리학을 공식과 법칙 중심으로 생각하기 전에 그 속에 포진한 여러 학자와 시대 상황, 각 이론을 둘러싼 재미있는 가정들을 생각해본다면 물리학의 세계는 한층 흥미롭고 역동적이 된다. 그리고 그 세계는 지금도 그리고 영원히 진행형이다.

오늘날 물리학은 그 영역의 많은 부분에서 나름대로 완성된 모습을 구축해나가고 있지만 아직도 여전히 완성을 향한 과정 가운데 있는 분야가 많다. 미완성된 분야에서 또는 전혀 미지인 분야에서 이 순간에도 어느 누군가에 의해 새로운 세계가 열릴 사건이 진행되고 있는지도 모른다. 이 책을 접하는 이들 가운데 장래에 그런 이가 있어주기를 기대해본다.

더 읽어볼 만한 책

 가모, 조지, 《물리열차를 타다》, 승영조 옮김(승산, 2001)

러시아 출신으로 빅뱅 이론을 창시했고 DNA 연구로 유전학 발전
에 기여한 미국 핵물리학자 조지 가모(가모프라고도 한다)의 책. 상
대론, 양자론, 입자 물리 등 현대 물리학적인 내용이 주를 이룬다.
물리학을 전공하는 사람이 아닌 일반인을 대상으로 저술되어, 현대
물리학을 이해하기 쉽게 배려한 구성이 눈에 띈다. 가모 자신이 직
접 그린 삽화도 들어 있다.

 김용운, 《카오스의 날갯짓》(김영사, 1999)

동경 태생으로 일본, 미국 그리고 캐나다에서 수학·활동했고 현재
는 한양대 수학과 명예교수로 있는 김용운 교수가 쓴 책이다. 이 책
에서는 카오스와 프랙털 같은 복잡계를 이해하고, 나아가 생활 속
의 복잡계인 경제 현상과 역사, 국가 그리고 교육을 복잡계의 관점
으로 해석해봄으로써 우리에게 세상사를 해석하는 새로운 관점을
제시해준다. 과학적 지식과 풍부한 인문학적 소양을 바탕으로 한국

사회의 현실을 파헤치고 나아가 그에 대한 대안까지 제시함으로써, 과학이 우리의 현실과 어떠한 사회·문화적 관련성을 가지는지 깨닫게 해준다.

데이비스, 폴, 《시간의 패러독스》, 김동광 옮김(두산동아, 1997)
영국 출신으로 오스트레일리아에서 교수 생활을 하고 있는 폴 데이비스의 책으로, 주요 테마는 '시간'이다. 고대 과학에서 절대적인 것으로 여겨진 시간을 양자론과 상대론의 입장에서 다시 한번 해석함으로써 우리에게 시간에 대한 새로운 시각을 제시한다. 폴 데이비스는 독자들을 고려해 우주 과학에 대한 폭넓은 이해력과 철학적인 관점을 쉽게 풀어 썼다. 그의 저서로는 《마지막 3분》(박배식 옮김, 사이언스북스, 2005), 《폴 데이비스의 타임머신》(강주상 옮김, 한승, 2002) 등이 있다.

보더니스, 데이비드, 《E=mc²》, 김민희 옮김(생각의나무, 2005)
영국에서 오랫동안 지적 역사의 연구와 교육을 담당해온 데이비드 보더니스의 저작이다. 아인슈타인이 에너지 등가 원리($E=mc^2$)를 발견하는 데 이론적인 배경이 된 뢰머에서 패러데이까지 여러 과학자와 그들의 이론을 소개했다. 에너지 등가 원리를 하나의 생명체인 것처럼 탄생부터 성장기까지 구분해 기술함으로써 독자들에게 좀 더 쉽게 다가선다. 그의 또 다른 저서로는 《일렉트릭 유니버스》

(김명남 옮김, 생각의나무, 2005)와 《시크릿 하우스》(김명남 옮김, 생각의 나무, 2006) 등이 있다.

🐌 **브라이슨, 빌, 《거의 모든 것의 역사》, 이덕환 옮김(까치, 2003)**

미국 출신으로 영국에서 기자와 작가 생활을 하다가 지금은 미국으로 돌아가 여행 작가 생활을 하는 브라이슨의 책이다. 우주와 지구 그리고 지구 생명체들의 역사에 대한 내용을 다룬 이 책은, 은하와 태양계의 거대 세계에서 양성자와 세포 등의 미시 세계, 나아가 인류 문명의 기원과 그 토대가 되는 지구에 대한 설명을 담고 있다. 다윈과 뉴턴, 아인슈타인, 호킹 등을 비롯한 과학자들의 이론을 한 권에 담아낸 책이다.

🐌 **파인먼, 리처드 필립스, 《물리법칙의 특성》, 안동완 옮김(해나무, 2003)**

이 책의 저자인 천재 물리학자 파인먼은 2차 대전 중 원자폭탄 개발에도 참여했다. 이 책은 자연과 우주의 질서 속에 숨은 복잡한 물리 현상과 그 특성들을 독창적인 방법으로 쉽게 설명했다. 코넬 대학 재직 당시 일반인을 대상으로 한 강의의 내용을 묶은 것으로 영국 BBC에서도 방영되어 큰 호응을 얻기도 했다. 이 외에도 《파인만 씨, 농담도 잘하시네》(전2권, 김희봉 옮김, 사이언스북스, 2000), 《파인만의 여섯 가지 물리 이야기》(박병철 옮김, 승산, 2003) 등 어

렵고 복잡한 과학을 일반인들에게 친숙하게 전달하는 책들이 소개
되어 있다.

호킹, 스티븐, 《거인들의 어깨 위에 서서》, 김동광 옮김 (까치
글방, 2006)

아인슈타인 이래 가장 뛰어난 물리학자로 평가받는 영국인이며 루
게릭병 환자인 스티븐 호킹의 책. 이 책은 과학사에서 거대한 업적
을 이룬 코페르니쿠스, 갈릴레이, 케플러, 뉴턴 그리고 아인슈타인이
라는 과학 거인들의 파란만장한 생애와 업적들을 소개한다. 스티븐
호킹의 책은 이 외에도 《시간의 역사》(국내에 여러 차례 번역 소개
되었는데 쉽게 풀어 쓰거나 그림을 곁들이는 등의 다양한 편집본이
있으니 자신에게 맞는 것으로 찾아 읽어보기 바란다), 《호두껍질 속
의 우주》(김동광 옮김, 까치글방, 2001) 등 다양하게 나와 있다.